ULTIMATIVE
PRODUKTIVITÄT

ULTIMATIVE PRODUKTIVITÄT

EIN MAßGESCHNEIDERTER LEITFADEN, UM IHREN PERSÖNLICHEN ERFOLGSWEG ZU ENTDECKEN

JIM STOVALL

VORWORT VON STEVE FORBES

entfalt media
Entfalt' dein Potenzial!

Titel der englischen Originalausgabe:

Ultimate Productivity

Thomas Nelson, Inc.
Nashville, Tennessee

ISBN 978-0-7852-2888-2 (Hardcover)

Übersetzung aus dem Englischen: Yvonne Pilsl
Cover Design: Brandnavigation.com
Druck: Rosenthaler Druck, Freyung

1. Auflage, März 2010

ISBN 978-3-941986-00-8

WIDMUNG

Dieses Buch widme ich Dorothy Thomson,
deren harte Arbeit meine Worte in ein Buch verwandelt.
Und ich widme es Rebeka Graham,
deren Mitarbeit *Ultimative Produktivität* zu mehr
als bloß einem Buch gemacht hat.

INHALTSVERZEICHNIS

Danksagung		7
Vorwort von Steve Forbes		9
Kapitel Eins	*Der Start:* *Jeder Weg beginnt dort, wo Sie heute stehen!*	11
Kapitel Zwei	*Erfolg: Die Suche nach der eigenen Definition*	23
Kapitel Drei	*Mission: Ihre Reise zum Erfolg*	33
Kapitel Vier	*Produktivität:* *Eine aussagekräftige Messlatte für unser Leben*	41
Kapitel Fünf	*Individualisierung:* *Nutzen Sie Ihr einzigartiges Potenzial*	51
Kapitel Sechs	*Leidenschaft: Die Ursache und Wirkung*	59
Kapitel Sieben	*Entdeckungstour: Drei kraftvolle Werkzeuge*	71
Kapitel Acht	*Eine ehrliche Einschätzung:* *Bringen Sie sich in Position*	81
Kapitel Neun	*Motivation: Ein wundersamer Motor*	91
Kapitel Zehn	*Wahre Motivationswunder*	103
Kapitel Elf	*Der Kommunikations-Widerspruch*	115
Kapitel Zwölf	*Kommunikation:* *Ihre Botschaft individuell anpassen*	127
Kapitel Dreizehn	*Das Mysterium der Implementation*	139
Kapitel Vierzehn	*Implementation: Der Startschuss*	151
Kapitel Fünfzehn	*Es geht los: Jetzt oder nie*	163
Über den Autor		169

DANKSAGUNG

Ich bedanke mich ganz herzlich bei Steve Forbes für seine Leadership, Freundschaft und seine Bereitschaft, ein Teil von *Ultimative Produktivität* zu sein. Ich möchte mich auch bei Coach Wooden bedanken, der seine legendären Erfahrungen und seine Weisheit durch dieses Buch mit uns allen teilt. Ich möchte mich bei Dr. Denis Waitley und auch bei Ken Blanchard für die Unterstützung und Förderung von *Ultimative Produktivität* bedanken. Und natürlich möchte ich mich beim gesamten Team des „Narrative Television Networks“ bedanken für ihren Einsatz, meine Botschaft in die Welt hinauszutragen. Und schließlich möchte ich mich bei jedem von „Thomas Nelson“ bedanken, weil sie es gewagt haben, mein allererstes Buch vor mehr als einem Jahrzehnt zu veröffentlichen, und nun bereit sind, an diesen Durchbruch anzuschließen.

VORWORT

VON STEVE FORBES

Ich wurde in den späten 90ern auf Jim Stovall aufmerksam, als wir bei Forbes gerade ein Buch zusammenstellten, das im Anschluss daran im Jahr 2000 veröffentlicht worden war unter dem Titel *Forbes Große Erfolgsgeschichten: Zwölf Geschichten über Niederlagen, die Sprungbretter zum Erfolg wurden*. Und dieses Buch beinhaltete Jim Stovalls Geschichte, neben der von Donald Trump, Tom Monaghan und anderen.

Später durfte ich Jims Buch *Das ultimative Geschenk* unterstützen, das inzwischen mehr als vier Millionen Mal weltweit verkauft worden ist und auch durch Twentieth Century Fox verfilmt wurde. In den Hauptrollen: James Garner, Brian Dennehy und Abigail Breslin.

Ich wurde oft zitiert, als ich Jim Stovall als eine der bemerkenswertesten Persönlichkeiten unserer Zeit bezeichnete – nicht nur für die Dinge, die er getan hatte, sondern aufgrund der Tatsache, dass Jim Stovall seinen eigenen Erfolg analysiert hat und seine Erfahrungen anderen zur Verfügung stellt, sodass sie ihm durch seine Reden, Kolumnen und Bücher, so wie diesem hier, folgen können.

Mit *Ultimative Produktivität* trifft Jim Stovall mitten ins Herz von Erfolg und Misserfolg – für uns alle individuell und als Gesellschaft. Natürliche und menschliche Ressourcen sind im Überfluss vorhanden, aber wie wir sie nutzen, um unseren eigenen, persönlichen Erfolg zu kreieren, wird bestimmt von unserem Scharfsinn und unserer Produktivität. Durch dieses Buch werden Sie lernen, wie Sie Ihre eigene Produktivität maximieren, indem Sie Ihre Stärken in den entscheidenden Bereichen der *Motivation*, *Kommunikation* und *Implementation* entdecken und freisetzen.

Ich glaube, wenn wir uns von Jim Stovall in unsere eigene *Ultimative Produktivität* führen lassen, dann werden wir alle zu besseren Menschen und kommen näher an unser Potenzial. Denn am Ende unseres Lebens werden wir nicht im Vergleich zu anderen beurteilt werden, sondern anhand unseres eigenen Bildes im Spiegel, der all unser wahres Potenzial enthüllt.

KAPITEL EINS

DER START:
JEDER WEG BEGINNT DORT, WO SIE HEUTE STEHEN!

Ich möchte mich zuerst bei Ihnen dafür bedanken, dass Sie sich die Zeit nehmen und sich die Arbeit machen, eines meiner Bücher zu kaufen und zu lesen. Aufgrund Ihrer Entscheidung für dieses Buch gehe ich davon aus, dass es Bereiche in Ihrem Leben gibt, die Sie gerne verändern, ausbauen oder verbessern möchten. Wenn dies der Fall ist, dann lesen Sie bitte weiter. Wenn dem nicht so ist und Sie mit allen Bereichen Ihres persönlichen und beruflichen Lebens wirklich zufrieden sind, dann könnten Sie auch mit dem Lesen aufhören und das Buch zurückgeben.

Vielleicht ist dies das dritte Buch, das Sie diesen Monat lesen. Aber es könnte genauso gut das erste Buch sein, das Sie seit Ihrer Schulzeit in der Hand halten. Ich hatte in meinem Leben immer eine interessante Beziehung zu Büchern. In der ersten Hälfte meines Lebens kann ich mich nicht daran erinnern, jemals ein Buch von vorne bis hinten gelesen zu haben. Ich schaffte es durch die High School und sogar durch die Universität und las dafür nur das Nötigste, um die Anforderungen zu erfüllen.

Das erscheint mir heute völlig paradox, denn als ich noch mein Augenlicht hatte und ich die Worte auf einer Seite lesen konnte, so wie Sie, tat ich es nicht. Dann, im Alter von 29 Jahren, als ich mein Leben als vollkommen Blinder begann, fing ich an, mithilfe von Hörbüchern aus der „Library of the Blind" und einem Hochgeschwindigkeitsabspielgerät täglich ein Buch zu lesen.

Und da ich so in den vergangenen 20 Jahren jeden Tag ein ganzes Buch las, habe ich eine besondere Beziehung zu Büchern entwickelt. Sie sind ein großer Teil meines Lebens geworden. Ich habe Tausende von Büchern gelesen, sowohl zur Unterhaltung als auch zur Informationsaufnahme. Aber ich habe auch eine Handvoll Bücher gelesen, die mein Leben revolutioniert haben. Diese Bücher haben mich so sehr berührt, dass sie mich selbst und auch die Art, wie ich mein Leben lebe, verändert haben. Mein tiefer Wunsch ist es, dass dieses Buch auch auf Sie eine solch verändernde Wirkung haben wird.

Auf den nächsten Seiten werden Sie die Möglichkeit haben, Ihren eigenen Erfolg zu definieren, eine Lebensmission zur Realisierung Ihres Erfolgs zu entwerfen und Produktivität für sich zu definieren. Dann werden Sie damit beginnen, Ihren Erfolg zu erreichen, indem Sie Motivation, Kommunikation und Implementation effektiv einsetzen.

Motivation ist der Kraftstoff, der Ihren Erfolg möglich macht. Richtige *Kommunikation* ist der Weg, wie Sie Ihre Mission definieren und den Menschen um sich herum mitteilen. Und *Implementation* bedeutet, Ihre Gedanken, Träume, Leidenschaften, Ihre Mission und Ihre persönlichen Erfolgsziele in die Tat umzusetzen.

Als Autor, Kolumnist und Sprecher im Bereich der Persönlichkeitsentwicklung habe ich viele Systeme, Theorien und Philosophien zum Thema Erfolg kennengelernt. Alle haben auf gewisse Weise ihre Berechtigung. Aber ich bin der Meinung, dass dem aktuellen Stand im Bereich Erfolg und Zielrealisierung oft eine wesentliche Komponente fehlt.

Nur wenn Sie Verantwortung für Ihre Vergangenheit übernehmen, die für Ihre jetzige Situation verantwortlich ist, werden Sie in der Lage sein, Kontrolle über Ihre heutigen Handlungen zu übernehmen und ein erfolgreiches Morgen herbeizuführen.

Es gibt viele Bücher und Systeme, die Ihnen zeigen, wie man sich Ziele setzt, Meilensteine festlegt, der Leidenschaft folgt und Veränderungen in der eigenen Welt vornimmt. Diese Schritte sind sehr wichtig, aber wenn Sie keine praktischen Werkzeuge zur Hand haben, um den Erfolg umzusetzen, dann haben Sie keine Chance.

Stellen wir uns mal vor, dass ich ein professioneller Golfer werden möchte. Selbst wenn ich ein klares Ziel in meinem Kopf definiert habe und es mit Leidenschaft und höchster Hingabe verfolge, wäre ich trotzdem ohne praktische und reale Anleitung zum Scheitern verurteilt. Auch wenn ich mir Tipps vom besten Golfer der Welt – Tiger

Woods höchstpersönlich – geben ließe, hätte ich trotzdem keine Chance, außer, seine Anleitungen wären mechanisch gut fundiert und speziell auf *mich* abgestimmt.

Wenn Tiger Woods mir einfach sagte, dass ich den Ball ganz gerade und weiter als jeder andere schlagen und dabei nicht vergessen sollte, jeden Putt innerhalb von zwanzig Fuß einzulochen – aber dann überlässt er mich meinem eigenen Geschick, so würde sich mein Spiel nie verbessern. Und mein Ziel, ein professioneller Golfer zu werden, würde ich mit ins Grab nehmen. So wie es leider oft mit den Zielen und Leidenschaften der Menschen geschieht. Wenn aber meine Anleitung auch die Beherrschung von Motivation, Kommunikation und Implementation beinhaltet, so wie Sie es durch die *Ultimative Produktivität* erfahren werden, dann hätte ich eine Chance, als Golfer erfolgreich zu sein.

Bevor Sie lernen können, diese Prinzipien zu beherrschen und anzuwenden, ist es wesentlich für Sie, zu entscheiden, welche Veränderungen Sie in Ihrem Leben herbeiführen möchten. Um diese Art von Entscheidung zu treffen, müssen Sie zuerst herausfinden, wo Sie heute stehen, und auch volle Verantwortung für Ihre jetzige Situation übernehmen – in allen Bereichen Ihres Lebens. Nur wenn Sie Verantwortung für Ihre Vergangenheit übernehmen, die für Ihre jetzige Situation verantwortlich ist, werden Sie in der Lage sein, Kontrolle über Ihre heutigen Handlungen zu übernehmen und ein erfolgreiches Morgen herbeizuführen.

Wir leben in einer Gesellschaft voller Menschen, die es lieben, die Schuld für ihre Mittelmäßigkeit bei allem und jedem zu suchen, außer bei sich selbst. Als Sprecher für Firmen- und Großveranstaltungen hatte ich das Privileg, zu sehr vielen Menschen zu sprechen. Nach einigen dieser Veranstaltungen gehe ich aktiv auf die Teilnehmer zu. Oftmals erzählen mir diese Menschen, dass sie mit ihrem Leben nicht da stehen, wo sie gerne sein möchten. Sie verfolgen nicht ihre Leidenschaften und erreichen auch nicht ihre Ziele. Ohne Verschnaufpause fügen Sie dann aber noch hastig hinzu: „Aber wenn Sie nur meine Familie kennen würden, dann wüssten Sie, warum ich nicht erfolgreich bin." Oder: „Ich bin da, wo ich jetzt bin, weil mein Chef ein Idiot ist und das Wetter zu heiß ist und die Steuern zu hoch sind – und was noch dazukommt – ich bin das mittlere Kind."

Wenn es ums Versagen geht, dann ist eine Ausrede so gut wie jede andere. Das nächste Mal, wenn Ihr Leben nicht so funktioniert, wie Sie sich das vorstellen, dann verwenden Sie einfach meine weltbekannte Jim-Stovall-Einheitsausrede für alle Situationen – mit 100%-Geld-zurück-Garantie. Und so funktioniert sie: Anstatt dass Sie alles und jeden als Schuldigen für Ihre Situation ausmachen, lokalisieren Sie den nächsten Spiegel. Dort schauen Sie dann direkt hinein und sagen folgende magischen Worte: „Ich denke, ich wollte es nicht ernsthaft genug." Dies funktioniert jedes Mal, denn bis Sie nicht die Verantwortung für Ihre Entscheidungen der Vergangenheit übernehmen, die Sie in

Die vernichtendsten Lügen sind die, die wir uns selbst erzählen!

Ihre jetzige Situation gebracht haben, werden Sie nie die Kontrolle über Ihre Zukunft übernehmen können.

Ich kann Sie schon denken hören, dass ich Ihre Situation, Ihre Familienverhältnisse und die Herausforderungen, denen Sie gegenüberstehen, nicht verstehen kann. Das ist wahr. Und ich weiß auch, dass guten Menschen schlechte Dinge passieren können. Aber für jede Person die Sie mir zeigen, die durch bestimmte Umstände eine Niederlage einstecken musste, kann ich Ihnen auch eine Person zeigen, die aus einer ähnlichen Situation ein Sprungbrett für die Zukunft gemacht hat, um noch größere Dinge in ihrem Leben zu erreichen.

Bevor Sie herausfinden können, wo Sie in der Welt hinmöchten, gibt es ein kritisches Navigationselement. Sie müssen zuerst genau bestimmen wo Sie stehen. Karten, Anfahrtsbeschreibungen und sogar GPS-Navigationssysteme können Ihnen nur dann helfen, Ihr Ziel zu erreichen, wenn Ihr derzeitiger Standort bekannt ist.

Zum Beispiel: Wenn Sie vermögend sein möchten, dann müssen Sie – bevor Sie definieren, was „vermögend" für Sie bedeutet – Ihre jetzige finanzielle Situation bestimmen. Wenn Sie Gewicht verlieren möchten, dann müssen Sie heute auf die Waage steigen. Um den Lebensstil Ihrer Träume zu realisieren, in allen Aspekten Ihrer persönlichen und beruflichen Existenz, müssen Sie vollkommen ehrlich zu sich selbst sein und die Meinungen der Menschen um Sie herum einfordern.

Diese ehrliche Evaluierung ist ein schwieriger Prozess, weil wir dazu neigen, andere Menschen nach ihren Resultaten zu beurteilen, aber uns selbst nach unseren Intentionen. Es ist einfach für uns, eingebildet – und ohne Vorbehalt – zu behaupten, dass eine andere Person unverzeihlich zu spät zu einem Termin kam. Aber wenn wir selbst unserem Zeitplan hinterherhinken, dann liegt es daran, das jede Ampel rot war, wir noch tanken mussten und niemand ahnen konnte, dass es einen Stau, eine Umleitung und eine Baustelle auf dem Weg zu unserem Ziel geben würde.

Wenn Sie das Leben Ihrer Träume durch *Ultimative Produktivität* leben möchten, indem Sie Motivation, Kommunikation und Implementation beherrschen, dann müssen Sie vollkommen ehrlich mit sich selbst sein und genau bestimmen, wo Sie heute stehen. Die vernichtendsten Lügen sind die, die wir uns selbst erzählen! Denn nach einer gewissen Zeit beginnen wir, sie selbst zu glauben, und erzählen sie weiter, als ob sie der Wahrheit entsprächen.

Eine Person, die keine Entscheidung trifft, ist nicht besser dran als eine Person, die gar keine Wahl hat.

Jack Nicholson, mein Lieblingsschauspieler, spielte in einem seiner besten Filme eine überzeugende Persönlichkeit. In dieser Rolle sprach er folgende Worte: „Sie können die Wahrheit doch gar nicht vertragen!“

Obwohl es nicht einfach ist und niemals Spaß macht, möchte ich Ihnen sagen, dass Sie die Wahrheit vertragen können. Und es wird Ihr erster Schritt sein, um Ihr Leben so zu gestalten, wie Sie es sich schon immer gewünscht haben.

Wenn Sie die Verantwortung für den Platz, an dem Sie heute stehen, und die Entscheidungen, die Sie getroffen haben, übernehmen, werden Sie beginnen, Folgendes festzustellen: Obwohl Sie einige schlechte Entscheidungen getroffen haben, liegt der Grund für Ihre Mittelmäßigkeit meist darin, dass Sie *gar keine* Entscheidungen getroffen haben.

Ich glaube, dass es in dieser Welt einige wenige Menschen gibt, die gute Entscheidungen treffen, und diese Personen genießen jede Belohnung, die sie anstrebten. Dann gibt es einige wenige Menschen, die schlechte Entscheidungen treffen, und diese verbringen ihr Leben hinter Gittern. Aber die große Mehrheit der Menschen treffen weder gute noch schlechte Entscheidungen. Diese Menschen treffen gar keine Entscheidungen. Das sind die Menschen, die weder Dinge bewegen noch dabei zusehen, wie Dinge bewegt werden. Sie merken gar nicht, dass etwas passiert.

Ich erinnere mich an eine Geschichte von irischen Einwanderern, die am Anfang des zwanzigsten Jahrhunderts in die USA einreisten. Eine dieser Familien sparte viele Jahre, um die Reisekosten für Vater, Mutter und drei Kinder zu bezahlen. Trotz aller Bemühungen konnten sie gerade genug sparen, um sich Tickets für eine Überfahrt im sogenannten „Zwischendeck“ zu kaufen: einem kleinen, engen Bereich unter Deck, wo Sie übernachten und die lange Zeit dieser Transatlantikreise verbringen mussten.

Die Familie brachte Brot, Käse und Wasser mit auf das Schiff, um sich während der Reise zu versorgen. Ihre Rationen waren allerdings sehr schnell aufgebraucht, und es lagen noch viele Tage der Reise vor ihnen. Von ihrer armseligen Unterkunft aus konnten sie durch die Ritzen in der Decke auf das Hauptdeck hochsehen. Sie konnten die Erste-Klasse-Passagiere in ihrer feinen Kleidung sehen, wie sie am opulenten Buffet speisten, während sie selbst ein paar Meter entfernt fast verhungerten.

Letztendlich, in seiner Verzweiflung, schleppte sich der Vater den Gang hinunter und stieg hinauf zum Hauptdeck, um einen Steward zu fragen, ob er und seine Familie etwas von den Resten des Buffets bekommen könnten, um nicht unter Deck zu verhungern. Der geschockte Steward erklärte ihm: „Mein Herr, dieses Buffet wird drei Mal täglich für *alle* Passagiere angeboten. Sie und Ihre Familie hungern, obwohl Sie schon von Anfang an vom Allerfeinsten hätten speisen können."

Bevor Sie sich jetzt auf die Aufgabe stürzen, Ihr Leben durch die *Ultimative Produktivität* zu dem zu machen, was Sie immer schon wollten, stellen Sie bitte sicher, dass Sie Ihre Erwartungen hoch genug gesteckt haben. Eine Person, die keine Entscheidung trifft, ist nicht besser dran als eine Person, die gar keine Wahl hat; aber eine Person, die sich mit weniger als ihrer wahren Bestimmung zufrieden gibt, ist zu einem Leben in Mittelmäßigkeit verdammt. Wenn Sie sich in Ihren Gedanken an der Spitze der Welt gesehen haben, dann wird Ihnen mit weniger Erfolg immer noch etwas fehlen.

Jeder Einzelne von uns trägt schon seit Jahren Träume und Leidenschaften in sich. Als wir Teenager oder junge Erwachsene waren, erschien uns die Welt voller Möglichkeiten. Aber irgendwo zwischen damals und heute holte uns die sogenannte Realität ein, und danach waren wir so damit beschäftigt, unseren Lebensunterhalt zu verdienen, dass wir völlig vergaßen, unser eigenes Leben selbst zu gestalten.

Ihre Bestimmung wartet auf Sie!

NOTIZEN:

KAPITEL ZWEI

ERFOLG:
DIE SUCHE NACH DER EIGENEN DEFINITION

Ob Sie nun mein Buch oder das eines anderen Autors lesen, das Sie auf Ihrem Weg zum Erfolg unterstützen soll, zuerst müssen Sie mit der Definition von Erfolg übereinstimmen – und sicher sein, dass die Person, die Sie führt, auch weiß, wie man dorthin kommt.

Meine Großeltern und meine beiden Eltern kommen aus der liebenswürdigen Stadt Springfield. Mein Bruder Bob und seine Familie leben bis zum heutigen Tag dort. Springfield hat an historischen Stätten und Freizeitaktivitäten viel zu bieten.

Nehmen wir einmal an, wir beide verabreden uns zu einem verlängerten Wochenende in Springfield, um uns über unsere beruflichen und persönlichen Ziele auszutauschen und auch einige der örtlichen Attraktionen zu besuchen. Dies ist für mich eine angenehme Vorstellung, und ich hoffe, auch für Sie. Wenn Sie aber meine Familie nicht kennen, hätten wir beide eine ziemlich große Herausforderung, uns zu treffen, da es allein in den USA mehr als 30 Städte oder Orte mit dem Namen Springfield gibt.

Ich bin mir sicher, dass die verschiedenen Springfields viel zu bieten haben, wenn wir uns aber nicht auf ein und dasselbe Springfield einigen, dann werden wir nicht zueinanderfinden. Auch meine Wegbeschreibung und Anfahrtsskizze für die letzten Meter zu unserem Haus würden Ihnen nicht viel helfen.

Die meisten Menschen scheitern, nicht weil sie nicht in der Lage sind, ihre Ziele zu erreichen, sondern weil sie ihre Ziele und ihre persönliche Vorstellung von Erfolg falsch definiert haben.

In jedem der mehr als 30 Springfields in den USA gibt es Menschen, die dort geboren und aufgewachsen sind, und Menschen, die sich entschieden haben, dass „Springfield" der beste Platz zum Leben für sie und ihre Familie ist. Millionen von Menschen nennen Springfield ihr Zuhause, aber nicht alle meinen dasselbe, wenn sie die Worte *Springfield* und *Zuhause* verwenden.

Mit Erfolg verhält es sich ähnlich. Ich bin überzeugt davon, dass genauso viele Definitionen für Erfolg existieren, wie es Menschen auf der Erde gibt. Die meisten Menschen scheitern, nicht weil sie nicht in der Lage sind, ihre Ziele zu erreichen, sondern weil sie ihre Ziele und ihre persönliche Vorstellung von Erfolg falsch definiert haben.

Die Bedeutung von *Erfolg* ist wahrscheinlich die intimste und persönlichste Definition, die Sie jemals für sich vornehmen werden. Daher können Sie auf dem Weg, Ihr eigenes Bild von Erfolg zu erarbeiten, nur im begrenzten Maße die Hilfe anderer in Anspruch nehmen. Und als ob das nicht schon schwierig genug wäre, wird sich die Herausforderung noch weiter verstärken, wenn Sie realisieren, dass sich Ihre Definition von Erfolg im Laufe Ihres Lebens ständig verändern wird.

Man kann den größten finanziellen Erfolg erreichen, wenn man aber dabei seine Familie verliert und seine Gesundheit ruiniert, dann wird man nicht erfolgreich sein.

Viele selbsternannte Erfolgs-Gurus ermutigen uns dazu, unseren Erfolg in verschiedene Bereiche aufzuteilen. Sie geben diesen Bereichen Namen wie *finanzieller* Erfolg, *geschäftlicher* Erfolg, *familiärer* Erfolg, *gesundheitlicher* Erfolg etc. Obwohl ich damit übereinstimme, dass alle diese Bereiche Komponenten von persönlichem Erfolg sind, so kann man nicht wirklich *erfolgreich* sein, wenn man in einem Bereich gut ist, aber in einem anderen miserabel scheitert.

Die meisten Menschen hielten die *Titanic* für ein „unsinkbares" Schiff, als es gebaut wurde und vom Stapel lief. Und doch wurde das bekannteste Schiff aller Zeiten für die eine Sache so weltberühmt, die kein Schiff tun sollte: Sinken. Es gibt vermutlich viele Definitionen für ein erfolgreiches Schiff – ob militärisch, finanziell, ästhetisch oder leistungsmäßig –, aber ich nehme mal an, dass wir uns alle auf eine Sache einigen können: Wenn es um Schiffe geht, ist Sinken ein Misserfolg.

Als die Titanic konstruiert wurde, unterteilte man das Schiff durch eine Reihe von wasserdichten Schotten in Abteile. Die Ingenieure planten die Abschnitte so, dass die Titanic schwimmen würde, selbst wenn einige dieser Abschnitte unter Wasser stehen sollten. Unglücklicherweise waren die Abteile aber am oberen Ende alle miteinander verbunden. Als die Titanic dann mit dem Eisberg im Nordatlantik kollidierte, lief das Wasser über die Schotten jeweils in den nächsten Abschnitt, und so wurde das gesamte Schiff geflutet; deshalb sank die Titanic.

Mit dem Erfolg verhält es sich ganz ähnlich: Misserfolg in einem Bereich wird alle anderen Bereiche ebenfalls beeinflussen.

Stellen Sie sich Erfolg einfach mal als dreibeinigen Hocker vor. Für den Zweck dieser Analogie gibt es das Bein *finanzieller Erfolg*, das Bein *familiärer Erfolg* und das Bein *gesundheitlicher Erfolg*. Man kann den größten finanziellen Erfolg, den die Welt je gesehen hat, erreichen, wenn man aber dabei seine Familie verliert und seine Gesundheit ruiniert, dann wird man nicht erfolgreich sein, selbst wenn die Welt einen so sehen mag.

Unsere durch Medien gesteuerte Gesellschaft hat in den vergangenen Jahrzehnten ein Phänomen geschaffen, das einzigartig in unserer modernen Kultur ist: Durch Zeitschriften, TV, Radio, Internet und jede andere Form von Kommunikation werden wir ständig mit Informationen über Menschen und ihren Lebensstil bombardiert. Heute werden Menschen für alle möglichen Dinge berühmt. Wir haben schon immer bekannte Athleten, Künstler und Schauspieler bewundert, aber nun wissen wir auch alles über ihre Urlaube, was sie zum Frühstück essen und den Namen ihres Hundes. Wir kennen nicht nur alle schmutzigen Einzelheiten aus ihrem beruflichen Leben, sondern auch aus ihrem Privatleben. Wir konsumieren ständig Informationen und Bilder über den Lebensstil der Reichen und Schönen und beobachten, wie Menschen zur Spitze der Gesellschaft aufsteigen und andere wiederum von der Spitze stürzen und in tiefe Abgründe fallen.

In diesem Umfeld ist es sehr leicht, eine falsche Sicht von Erfolg zu bekommen. Immer wieder werden wir mit einer der größten Lügen konfrontiert: dem korrupten Gedanken, dass alle unsere Probleme gelöst wären, wenn wir nur genügend Geld hätten.

Aber man muss gar nicht viel mehr als nur die täglichen Schlagzeilen lesen, um festzustellen, dass auch einige der Reichsten unter uns ihre Gesundheit verloren, ihre Familien geopfert, ihre Integrität abgelegt und sich selbst allen möglichen Arten von menschlichem Misserfolg hingegeben haben.

Eine kürzlich veröffentlichte Studie von Menschen auf der ganzen Welt – von den Reichsten bis zu den Ärmsten der Armen – zeigte, dass über die lebensnotwendigen Bedürfnisse wie Essen, Kleidung und ein Heim hinaus uns mehr Geld nicht unbedingt glücklicher macht und daher auch nicht erfolgreicher.

Jeder Diskussion über Geld und Erfolg würde etwas fehlen, wenn ich nicht erwähnen würde, dass Geld weder gut noch schlecht ist. In den Händen von guten Menschen kann Geld Orte von Heilung, Geborgenheit und Bildung schaffen. In den Händen von schlechten Menschen kann Geld Zerstörung, Krankheit und Tod bedeuten. In meinem Leben war ich sowohl sehr arm als auch sehr reich. Und wenn alle anderen Umstände gleich sind, dann bin ich der Meinung: Reich ist besser.

Während Geld aus sich selbst heraus keinen Erfolg schafft, glaube ich aufgrund meines persönlichen und beruflichen Kontakts mit Bill Gates, Warren Buffett und Steve Forbes, dass jeder für sich auf seine Art erfolgreich ist. Jedoch sind die genannten Personen nicht erfolgreich, weil sie ein großes Vermögen aufgebaut haben, sondern sie sind erfolgreich, weil sie im Leben anderer Menschen einen Mehrwert und Nutzen gestiftet haben. Dieser geschaffene Mehrwert hat ihnen dieses Vermögen gebracht, und sie haben ihren finanziellen Erfolg dafür eingesetzt, die Welt zu verbessern. Wenn Geld eine Voraussetzung für Erfolg wäre, dann müssten wir uns alle darin einig sein, dass Mutter Teresa ein absoluter Misserfolg war.

Berühmt und berüchtigt zu sein wird heute von vielen in unserer Gesellschaft fälschlicherweise als Erfolg angesehen. Namen von Menschen sind heute unsere ständigen Begleiter, weil sie Sportarten ausüben, in einer TV-Sendung mitspielen, Insekten im Urwald essen oder einfach nur mit einer berühmten Person liiert sind. Heutzutage gibt es auch Menschen, die nur bekannt dafür sind, berühmt zu sein, und sonst nichts. Als Gesellschaft haben wir uns in einem riesigen Zirkus-Schauspiel verlaufen, und niemand hat sich bisher die Zeit genommen, innezuhalten und die

Tatsache zu erkennen, dass wir diesen Menschen nicht folgen, weil sie berühmt sind. Diese Menschen sind berühmt, weil wir ihnen folgen.

Berühmtheit in sich selbst ist kein Faktor für Erfolg. Einige der bekanntesten Menschen des zwanzigsten Jahrhunderts sind Winston Churchill, Franklin Roosevelt, Adolf Hitler, John F. Kennedy, Sandra Day O'Connor, Martin Luther King jr. und Lee Harvey Oswald. Einige von ihnen lebten ihr Leben mit großem Erfolg, während andere trotz ihrer Bekanntheit einfach absolute Versager waren.

Erfolg tritt dann ein, wenn man ein Leben der Produktivität lebt und sich auf der Reise zu einem wertvollen Ziel befindet.

Einige der erfolgreichsten Menschen dieser Welt erlangen nur bei den Menschen Bekanntheit, auf deren Leben sie eine starke und positive Auswirkung haben – und nicht weiter über diesen Personenkreis hinaus. Diese Menschen definieren Erfolg in einer Weise, dass ihre Lebensziele nicht unbedingt Ruhm und Bekanntheit mit sich bringen. In einigen Fällen ist ihre Anonymität eine Folge ihres Erfolgsziels, und in anderen Fällen haben sie ihren Erfolg, zumindest teilweise, so definiert, dass sie ihr Leben außerhalb des Rampenlichts leben.

Erfolg wird auch sehr häufig fälschlicherweise als Jung-Sein, Gesund-Sein oder Schön-Sein definiert. Obwohl diese Eigenschaften am rechten Platz und zur rechten Zeit wünschenswert sind, sind sie trotzdem nicht allein maßgebend für das, was ich als Erfolg definieren würde. Diejenigen, die den Altar der Jugend und Schönheit anbeten, werden sich zwangsläufig im Misserfolg wiederfinden. Ihr Friseur, Schneider und Schönheitschirurg kann ihnen nur bis zu einem gewissen Grad helfen. Wenn sie lange genug leben, dann werden sie – gemessen an ihrem Spiegelbild – an ihrer eigenen törichten Definition von Erfolg scheitern.

Während Sie die Details und die spezifischen Elemente Ihres Erfolgs selbst einfügen müssen, werden Sie letztendlich feststellen, dass Erfolg dann eintritt, wenn Sie ein produktives Leben leben, auf einer Reise – Ihrer *Mission* – ein lohnenswertes Ziel zu erfüllen, das Ihnen Freude, Leidenschaft und Erfüllung bringt.

NOTIZEN:

KAPITEL DREI

MISSION:
IHRE REISE ZUM ERFOLG

Alle paar Jahre taucht ein neues, heißes Thema unter den Wirtschaftsautoren, Sprechern und Beratern auf. Diese Menschen streben dauernd danach, das Rad neu zu erfinden, oder zumindest nach neuen Büchern, Vorträgen oder Beratungsverträgen. Doch meiner Meinung nach werden dieselben Dinge, die Menschen im neunzehnten Jahrhundert erfolgreich gemacht haben, auch heute im einundzwanzigsten Jahrhundert zum Erfolg führen.

Erfolg zu haben ist einfach, aber die Mission ist nicht leicht, wenn Sie sich ein Ziel definiert haben, das erstrebenswert, bedeutsam und sinnstiftend ist. Wenn Sie ein Bergsteiger sind, dann ist es vielleicht Ihr Ziel, den Mount Everest zu besteigen. Ist dies der Fall, so haben Sie für sich ein Ziel gesetzt und Erfolg für sich selbst definiert. Das ist der einfache Teil. Wie Sie feststellen werden, ist die Mission – also der Weg – dorthin der nicht ganz so einfache Teil.

Mit enormer Vorbereitung, Aufopferung und Anstrengung werden Sie sich am Fuße des Mount Everest auf den Weg nach oben machen müssen. Erfolg ist ein Zielpunkt, auch wenn es ein bewegliches Ziel ist, und die Mission ist diese andauernde, ständige Reise zum Erfolg.

Vor einigen Jahren wurde es in der amerikanischen Geschäftswelt zum Trend, sogenannte *Unternehmensleitbilder* zu definieren. Ich möchte nicht den Wert eines solchen Leitbildes mindern, aber sehr wenige Organisationen haben ein Leitbild, das aussagekräftig ist und Gültigkeit hat für die Personen, die aktiv daran arbeiten. Wenn das Leitbild nicht vor dem Bürogebäude in Stein gemeißelt ist oder von der Decke des Foyers auf einem goldenen Schild herabhängt, wissen diese Mitarbeiter meist gar nicht, dass es ein Unternehmensleitbild gibt oder wie dieses wohl lauten mag.

Sehr oft liegen Welten zwischen den Unternehmen als solchen und ihren definierten Leitbildern. Wenn man in diese Unternehmen als unbedarfter Beobachter hineinkäme, um die tägliche Routine zu beobachten, wäre es sehr schwer, das formulierte Leitbild daraus zu erkennen.

Die in Stein gravierte Plattitüde vor dem Haupteingang des Büros mag zwar sagen: „Wir existieren, um die besten Produkte und Dienstleistungen für jeden Einzelnen unserer Kunden zu erbringen, und dabei bemühen wir uns auch, deren Leben zu verbessern, uns für Frieden auf der Welt einzusetzen und Menschlichkeit vorzuleben." Wenn man dann allerdings den durchschnittlichen Mitarbeiter betrachtet, könnte man meinen, das Leitbild würde lauten: „Wir kommen so spät wie möglich zur Arbeit, tun so wenig wie möglich und gehen der Interaktion mit Vorgesetzten und

Kunden nach Möglichkeit aus dem Weg, um so lange wie möglich den sicheren Gehaltsscheck und andere Vorteile zu erhalten.“ Es ist nicht nur so, dass diese Mitarbeiter ihre eigenen Ziele nicht verfolgen, sie befinden sich auch noch mitten in der Mission einer anderen Person, für die sie keine Leidenschaft, Energie oder Hingabe empfinden. Das macht sie nicht zu schlechten Menschen. Es sind aber verirrte Seelen, die durch eine Welt von unendlichen Chancen und Möglichkeiten wandern, ohne darin aktiv involviert zu sein.

So wichtig es für eine Organisation auch sein mag, ein Leitbild zu haben, das für alle Beteiligten ansprechend ist, so ist es noch viel entscheidender, dass Sie und ich ein *persönliche*s Leitbild haben, das unseren persönlichen und beruflichen Werdegang hin zu unserer eigenen Definition von Erfolg lenkt.

Ich habe schon einige Jahre ein solches persönliches Leitbild. Und ich würde jetzt gerne sagen, dass ich dieses persönliche Leitbild selbst geschaffen habe, aber in Wirklichkeit wurde es mir von meiner Großmutter gegeben.

Meine Großmutter spielte eine wesentliche Rolle in einigen meiner entscheidendsten Lebensphasen. Als ich noch sehr jung war, erkrankte meine ältere Schwester an einem Leiden, das später als eine Form von Leukämie diagnostiziert wurde. Aufgrund ihrer Krankheit und der daraus resultierenden Reisen meiner Eltern von Krankenhaus zu Krankenhaus und von Spezialist zu Spezialist im ganzen Land verbrachte ich viel Zeit mit meinen Großeltern. Tatsache ist sogar, dass einige meiner frühesten Erinnerungen die wertvollen Lektionen sind, die ich von meinen Großeltern lernte. Sie erlebten eine Wirtschaftskrise, einen Weltkrieg und die Entstehung unserer modernen Welt. Sie waren Teil der „Größten Generation", wie Tom Brokaw diese Altersstufe einst titulierte. Obwohl ich mit Tom Brokaws Einschätzung übereinstimme, glaube ich nicht, dass diese Generation mit mehr Größe geschaffen wurde als unsere eigene Generation. Sie war einfach mit Situationen konfrontiert, die großartige Menschen benötigten.

Erfolg ist ein Ziel – während unsere Mission die andauernde, stetige Reise zum Erfolg ist.

Einige Jahre später, als Teenager, wurde bei mir eine sehr ernste Augenkrankheit diagnostiziert, die mir letztendlich mein Augenlicht rauben sollte. In dieser Zeit der Anpassung von vollständigem Sehvermögen zu teilweisem Sehvermögen hin zur vollkommenen Erblindung war meine Großmutter eine unschätzbare Unterstützung und Ermutigung für mich. Durch ihre Worte und Taten brachte sie mir den Unterschied zwischen *Sehkraft* (Augenlicht) und *Sehvermögen* (Vision) bei. Ich lernte durch sie, dass die Sehkraft unserer Augen die Fähigkeit ist, die Welt um uns herum durch Bilder mit den Augen einzufangen und diese im Kopf zu interpretieren. Das Sehvermögen aber ist die Fähigkeit, die Welt um sich im Kopf so einzufangen, wie sie sein sollte, und das zur Realität zu machen. Sowohl Sehkraft als auch Sehvermögen sind wertvolle Güter, aber wenn ich als Person, die beides erlebt hat, die

Wahl treffen müsste, würde ich mich für das Sehvermögen anstatt der Sehkraft entscheiden.

In meinen Zwanzigern arbeitete ich einige Zeit an der Wall Street als Investmentmakler. Später, als komplett erblindete Person, gründete ich eine Firma namens „Narrative Television Network", die Filme, Fernsehsendungen und pädagogische Programme für über 13 Millionen sehbehinderte Menschen in Amerika und weitere Millionen von Menschen auf der ganzen Welt produziert. Durch diesen Prozess des Aufbaus einer erfolgreichen Firma und durch die Anerkennung, die ich erhielt – zuerst durch das Weiße Haus als „Unternehmer des Jahres" und danach durch die US-Wirtschaftskammer als „Geschäftsmann des Jahres" –, begann ich, Einladungen als Sprecher bei Firmen und anderen großen Veranstaltungen im ganzen Land zu erhalten.

Irgendwie, so wie es uns allen passiert, gingen die Jahre vorüber, ohne dass man es selbst bemerkte, und plötzlich war meine Großmutter alt und nahe dem Ende ihres Lebens. Wir arrangierten alles so, dass sie die letzten Monate, Wochen und Tage in ihrem eigenen Haus verbringen konnte, umgeben von Menschen und Erinnerungen, die sie liebte und bei denen sie sich wohlfühlen konnte. Während dieser Zeit unternahm ich einige Reisen, um sie zu besuchen. Bei einem Besuch, der im Nachhinein der letzte sein sollte, kam ich erst, nachdem sie bereits zu Bett gegangen war. Als ihre Pflegerin mich außerhalb ihres Schlafzimmers begrüßte, sagte ich zu ihr, dass ich wünschte, heute schon früher hier gewesen zu sein, aber durch einen wichtigen Geschäftstermin aufgehalten wurde. Die Pflegerin sagte mir daraufhin, dass meine Großmutter dies verstehe und sehr stolz auf die Arbeit sei, die ich machte.

Das erstaunte mich wirklich, da ich nicht wusste, dass meine Großmutter wirklich verstand, was ich beruflich mache. Manchmal, wenn man der erste Unternehmer in einer Familie ist, ist es für die älteren Generationen oft schwierig, das zu verstehen.

Als die Pflegerin meine Verwundung sah, lächelte sie nur, nahm meine Hand und führte mich leise in das Zimmer meiner Großmutter. Dann flüsterte sie: „Neben ihrem Bett steht ein Foto von Ihnen mit dem Emmy-Preis, den Sie gewonnen haben. Jede Person, die in dieses Haus kommt, erhält von Ihrer Großmutter dieselbe Erklärung. Sie deutet auf das Foto und sagt: ‚Das ist mein Enkel. Er macht zwei Dinge: Er hilft Blinden fernzusehen, und er reist um die Welt, um Menschen zu sagen, dass sie alle großartigen Dinge in ihrem Leben erreichen können.'"

So eindrücklich dieses Erlebnis damals für mich war, die wahre Bedeutung dessen wird mir erst heute, viele Jahre später, immer klarer. Ich habe es zu der Zeit gar nicht realisiert, und ich bin mir ziemlich sicher, dass meine Großmutter noch nie von einem persönlichen Leitbild gehört hatte, aber durch ihre Nachtpflegerin gab meine Großmutter mir unbewusst mein eigenes Leitbild mit auf den Weg.

Ich diktiere diese Worte und sitze dabei in meinem Büro meiner stetig wachsenden Firma „Narrative Television Network", und es ist mein tiefster Wunsch, dass diese Worte Ihnen sagen, dass auch *Sie* großartige Dinge in Ihrem Leben erreichen können.

Jede Person, die in unserer aller Augen erreicht hat, was wir Erfolg nennen, war auf einer Mission. Ihre Mission war klar, präzise und einfach formuliert. John F. Kennedy steckte ein Ziel in den 60ern: Amerika sendet einen Mann auf den Mond und bringt ihn sicher wieder zurück. Das setzte für uns eine Mission in Gang, die zum Ende des Jahrzehnts ihren Höhepunkt fand, als Neil Armstrong die Oberfläche des Mondes betrat und danach sicher zur Erde zurückkehrte. Hätte man Neil Armstrong damals nach seiner Mission gefragt, bin ich mir sicher, dass seine Antwort sehr klar formuliert gewesen wäre: Ich bin im wahrsten Sinne des Wortes auf dem Weg zum Mond.

Während der schwierigsten Phase des Zweiten Weltkriegs, als Winston Churchill einige der tiefgründigsten Aussagen traf, die je ein Mensch geäußert hatte, tat er mehr als jeder andere dafür, den Krieg zu gewinnen. Churchill feuerte nie einen Schuss ab oder nahm einen gegnerischen Soldaten gefangen, aber er gewann den Krieg, indem er unsere Mission – in für jedermann verständlichen Worten – definierte. Er artikulierte, was unser Erfolg sein würde, und stellte klar, dass Scheitern nicht in Frage kam.

Bevor Sie Produktivität durch Motivation, Kommunikation und Implementation meistern, ist es unerlässlich, dass Sie für *sich selbst* Erfolg definieren und Ihre Mission klar formulieren.

Was bedeutet Erfolg für *Sie*?

NOTIZEN:

KAPITEL VIER

PRODUKTIVITÄT:
EINE AUSSAGEKRÄFTIGE MESSLATTE FÜR UNSER LEBEN

Produktivität ist wahrscheinlich eines der Elemente des Erfolgs, das am häufigsten falsch verstanden wird. Das Wort produktiv ist abgeleitet von produzieren, was einfach bedeutet: Resultate hervorbringen. Wie wir bereits gelernt haben, muss man, um erfolgreich zu sein, Entscheidungen treffen, Erfolg in eigenen Worten definieren und eine Mission schaffen, die einen zur ultimativen Bestimmung führt. Daher ist dies, wenn wir nun *Ultimative Produktivität* betrachten, nur an Ihren eigenen definierten Erfolgszielen messbar.

Nur weil Sie in Bewegung sind, heißt das noch lange nicht, dass Sie sich in die richtige Richtung bewegen. Visualisieren Sie einen Hamster in seinem Käfig, der wie wahnsinnig auf seinem Laufrad läuft. Da ist viel *Aktivität*, aber keine *Produktivität*. Würde der Hamster jetzt noch schneller laufen, so käme er trotzdem nirgendwo an.

Seien Sie daher auf der Hut, Aktivität nicht mit Produktivität zu verwechseln. Viele Menschen in unserer Gesellschaft arbeiten sehr hart, bezogen auf Aktivität – und wir alle füllen 24 Stunden am Tag und sieben Tage die Woche –, aber, so wie im Falle unseres Hamsters, bedeutet das nicht, nur weil wir laufen oder sogar rennen, dass wir uns wirklich im Sinne von *produktivem Fortschritt* auf unser persönliches Erfolgsziel zubewegen.

Nur weil man in Bewegung ist, ist man noch lange nicht in die richtige Richtung unterwegs.

Es ist sogar sehr verwunderlich, wenn man realisiert, dass in manchen Fällen Aktivität sogar kontraproduktiv ist. Wenn Sie mit 120 km/h an einem sonnigen Tag bei leichtem Verkehr auf der Autobahn fahren, dann meinen Sie vielleicht, dass Sie gut vorankommen und dabei sehr produktiv sind. Wenn aber das Ziel irgendwo hinter Ihnen liegt – in der entgegengesetzten Richtung –, dann ist Ihre Aktivität in der Tat kontraproduktiv. In diesem Fall ist es sogar so, dass ein höheres Tempo oder härtere Arbeit Sie noch weiter von Ihrem Ziel entfernt, als Sie es bereits jetzt schon sind. Jemand, der am Seitenstreifen oder auf einem Parkplatz an der Autobahn steht, macht sogar mehr Fortschritt oder ist produktiver, als Sie es sind.

Ultimative Produktivität ist nur relevant, wenn sie sich auf Ihren persönlichen Erfolg und Ihre individuelle Mission zu Ihrer Bestimmung bezieht. Manchmal ist es besser, wenn man inmitten eines panischen Aktivitätsrausches einfach alles liegen lässt, durchatmet und sich selbst einige Fragen stellt:

1. *Was* versuche ich zu erreichen?
2. Möchte ich das *wirklich* vollbringen?
3. Bringt mich diese Aktivität dem gewünschten Endresultat näher?
4. Gibt es eine bessere Möglichkeit, von hier nach dort zu kommen, als die Dinge, die ich aktuell dafür tue?

In der „Auf-die-Plätze-fertig-los-Welt", in der wir heute leben, vergessen wir allzu oft die Teile „Auf die Plätze" und „fertig" und stürmen einfach darauf „los". Es gibt nur einen guten Grund, irgendeine Aktivität zu verfolgen, und das deshalb, weil es die produktivste und effizienteste Möglichkeit ist, Ihre Mission zu Ihrem persönlichen Erfolgsziel zu erfüllen.

Vor nicht allzu langer Zeit hatte ich die Gelegenheit, eine Gruppe Verkäufer zu coachen. Diese Personen verkauften auf Provisionsbasis durch Gewinnung von Neukunden und Empfehlungen. Sie hatten keinerlei Verantwortung außer der, ihr Produkt zu verkaufen. Als ich dort ankam, verbrachte ich anfangs die meiste Zeit einfach damit, zuzuhören und ihre Aktivität zu beobachten.

Zu oft kommen externe Berater einfach in eine Situation hinein und beginnen mit der „Auf-die-Plätze-fertig-los-Beratung". Bevor Sie den Rat von jemandem einholen, sollten Sie sicherstellen, dass die Person sowohl Ihr persönliches Erfolgsziel versteht, als auch die Mission, auf der Sie von hier nach dort kommen wollen. Ansonsten bekommen Sie zwar einen guten Rat, der Sie aber womöglich noch weiter von dem wegbringt, wo Sie eigentlich ankommen möchten.

Als ich diese Verkäufer bei ihrer Arbeit beobachtete, sah es so aus, als ob sie sich sehr große Mühe geben würden. Größtenteils kamen sie überpünktlich ins Büro, arbeiteten wie wild an ihren Aktivitäten und – im Großen und Ganzen – blieben auch bis nach Arbeitsschluss an Ihrer Arbeit. Nachdem ich die Informationen, die ich brauchte, gesammelt hatte, holte ich alle zusammen und stellte ihnen einige Fragen:

1. Wie viele Stunden arbeiten Sie in der Woche?
2. Geben Sie sich große Mühe bei Ihrer Arbeit?

Ihre Antworten waren sehr aufschlussreich. Im Durchschnitt arbeitete jeder Verkäufer fünfundvierzig bis fünfundfünfzig Stunden pro Woche und war der Meinung, dass er sich bei seiner Arbeit auch extrem viel Mühe gab. Dann stellte ich noch eine weitere einfache Frage: Was ist Ihre Aufgabe?

Einstimmig antworteten sie, dass es ihre Aufgabe sei, die Produkte der Firma zu verkaufen. Als ich sie fragte, wie man das bewerkstelligen könnte, ohne mit potenziellen Kunden am Telefon oder persönlich zu sprechen, wurde es sehr still.

Dann erzählte ich ihnen die gute Neuigkeit: Sie können alle mehr Geld verdienen, wenn sie mehr Abschlüsse generieren – und das bei nur fünfzehn Wochenstunden. Diese Aussage brachte mir sehr viel Skepsis ein.

Ich gab allen eine einfache Stoppuhr und bat sie, diese während ihres Arbeitstags ständig bei sich zu tragen. Immer wenn sie mit einem potenziellen Kunden über die Produkte und Dienstleistungen ihrer Firma sprachen, sollten sie die Uhr laufen lassen; wenn sie fertig waren, sollten sie die Uhr bis zu ihrem nächsten Gespräch mit einem Kunden stoppen. Ich sagte den Verkäufern, dass sie – sobald sie die fünfzehn Stunden auf ihrer Stoppuhr für diese Woche voll hätten – bis nächste Woche aufhören könnten.

Verwechseln Sie nie Aktivität mit Produktivität. Wenn Sie sich Ihren Tages-, Wochen- und Monatskalender ansehen, überprüfen Sie jede Aufgabe und jeden Termin und stellen Sie sich die Frage: Ist das Aktivität oder Produktivität?

Da ich das bereits mit ihrem Vorgesetzten abgestimmt hatte, waren sie total begeistert, als sie erfuhren, dass sie nur noch fünfzehn Stunden pro Woche arbeiten mussten. Was sie aber nicht realisiert hatten, war die Tatsache, dass der durchschnittliche Verkäufer in diesem Unternehmen bisher nur zirka fünf Stunden gearbeitet und ungefähr vierzig Stunden mit unproduktiven Aktivitäten verschwendet hatte.

Ein paar Monate nachdem dieses Stoppuhr-Produktivitäts-Experiment eingeführt worden war, bekam ich erste Feedbacks in Bezug auf die Resultate. Etwa ein Drittel der Verkäufer knackte nicht nur ihre eigenen Bestmarken, sondern auch einige der firmenweiten Umsatzrekorde. Ungefähr die gleiche Anzahl an Verkäufern arbeitete immer noch ihre Fünfundvierzig-Stunden-Woche im alten Stil, was, wie wir nun alle wissen, nur einer produktiven Leistung von etwa fünf Stunden pro Woche entspricht. Das übrige Drittel der Verkäufer warf das Handtuch; sie konnten mit der neu gewonnenen Freiheit und der Verantwortung für *Ultimative Produktivität* nicht umgehen.

Lernen Sie, schlauer zu arbeiten, nicht härter; schneller aber nicht gehetzter, und produktiver, nicht einfach nur aktiver.

Das beste Drittel der Verkäufer kam nur für ein paar Stunden am Tag ins Büro. Sie waren effizient und produktiv im Knüpfen von neuen Kundenbeziehungen und verbrachten dann Zeit mit ihren Familien, beim Fischen oder beim Verbessern ihres Golfspiels. Weil ihre Verkaufszahlen so erstaunlich gut waren, kümmerte es die Geschäftsleitung nicht, wie viele Stunden sie im Büro anwesend waren.

Auch Ihr beruflicher Arbeitstag dreht sich um das Schaffen von Produktivität und nicht um das Generieren von Aktivitäten, nur um jemandem zu zeigen, dass man wirklich hart arbeitet. Ich verstehe, dass es schwierig ist, in jedem Umfeld jeden Arbeitsplatz so zu definieren, dass man absolut zwischen Aktivität und Produktivität unterscheiden kann. Aber Sie wissen wohl selbst am besten, wann Sie mit Ihrem Tun einen Unterschied bewirken und wann Sie zwar anwesend sind, aber auf der Stelle treten.

Eines meiner Vorbilder ist der legendäre 97-jährige Coach John Wooden. Sie haben sicher auch schon mal gehört, dass manche weise Menschen mehr vergessen haben, als eine andere Person vielleicht weiß. Das trifft auch auf John Wooden zu, außer, dass er mit seinen fast einhundert Jahren immer noch nichts vergessen hat.

In der absolut messbaren und definierbaren Welt des College-Basketballs gewann John Wooden mehr Meisterschaften und erreichte mehr Erfolge als jeder andere zuvor. Er dominierte College-Basketball in einer Art und Weise, wie es vor und nach ihm noch keiner geschafft hat.

Er rekrutierte und kultivierte Spieler wie Kareem Abdul-Jabbar, Bill Walton und unzählige andere College- und NBA-Stars. Coach Wooden gab seinen Spielern eine Aussage mit, die, so denke ich, auch für uns *Ultimative Produktivität* definiert. Immer wenn er einen Spieler hatte, der nicht schnell genug an seine Position rückte, wiederholte er die Aussage: „Sei schnell, aber hetze nicht!"

Das klingt vielleicht einfach, kann aber doch den Unterschied zwischen Ihrem Erfolg oder Scheitern ausmachen. In Coach Woodens Worten bedeutet schnell sein, sich effizient und kontrolliert auf das Ziel zubewegen. Hetzen bedeutet, außer Kontrolle sein und wild umherlaufen.

Schnell zu sein bringt Sie in die Position zu gewinnen. Hetzen wird Sie auf dem Weg zum unvermeidlichen Scheitern nur auslaugen. Schnelligkeit ist ein Geisteszustand. Hetzen ist ein Zustand reiner Aktivität.

Verwechseln Sie nie Aktivität mit Produktivität. Wenn Sie sich Ihren Tages-, Wochen- und Monatskalender ansehen, überprüfen Sie jede Aufgabe und jeden Termin und stellen Sie sich die Frage: Ist das Aktivität oder Produktivität? Das kann nur in Bezug auf Ihr eigenes fest definiertes Erfolgsziel und Ihre Mission zu diesem Ziel beurteilt werden.

Wenn Sie lernen, effektiver zu arbeiten und nicht härter, schneller, aber nicht gehetzter, und produktiver, nicht nur aktiver, dann werden Sie beginnen, ein Leben der *Ultimativen Produktivität* zu leben – voller Ruhe, Klarheit, Freude und Erfolg, weit über Ihre kühnsten Träume hinaus.

NOTIZEN:

KAPITEL FÜNF

INDIVIDUALISIERUNG:
NUTZEN SIE IHR EINZIGARTIGES POTENZIAL

Ich bin ein Optimist. Ich glaube, dass Ihr größter Lebenstraum, egal wann Sie ihn geträumt haben, nach wie vor lebendig ist. Das Einzige, was Sie tun müssen, um diesen Traum zu aktivieren und zum Leben zu erwecken, ist, *Ultimative Produktivität* durch Motivation, Kommunikation und Implementation zu erzeugen. Sie haben alles, was Sie brauchen, um Ihre Träume zu leben. Ihr Ziel wäre nicht in Sie hineingelegt worden, wenn Sie nicht auch die Fähigkeit hätten, es zu erreichen!

Genauso wie Sie Ihr Ziel und Ihren Erfolg individuell für sich selbst definieren müssen und so wie Ihre Mission dahin auch Ihre eigene sein muss, so sind auch die Werkzeuge, Fähigkeiten und Talente, die Sie mit ins Spiel bringen, einzigartig.

Eine der Herausforderungen bei vielen Erfolgsbüchern, -kursen oder -philosophien ist die Tatsache, dass eine gutmeinende Person, die vielleicht selbst erfolgreich ist, Ihnen sagt, wie sie oder er erfolgreich geworden ist, aber keine Ahnung davon hat, wie *Sie* erfolgreich werden. Mein Ziel ist es, Ihnen mit diesem Buch zu helfen, Ihren eigenen Weg zu finden und Sie zu befähigen, Ihre einzigartigen Fähigkeiten einzuschätzen, damit Sie dadurch Ihre Mission auf dem Weg zu Ihrem selbst definierten Erfolg erfüllen können.

Ich bin jetzt seit mehr als zwei Jahrzehnten blind und musste irgendwann mit der Tatsache zurechtkommen, dass ich die Dinge nicht mehr so machen kann, wie ich es früher tun konnte. Wenn Sie eine Umfrage unter Blinden bezüglich der größten Einschränkungen durch ihre Behinderung durchführten, würden Sie wahrscheinlich zwei Antworten bekommen: Lesen und Autofahren. Beides sind visuelle Fähigkeiten, und blinde Menschen leiden unter ihrer Unfähigkeit, an diesen Aktivitäten teilzunehmen.

In Wahrheit aber, wenn Sie *Ultimative Produktivität* verstehen, ist Lesen nicht das visuelle Sehen von Worten auf einer Seite und Fahren nicht das Steuern eines Autos. Lesen ist das Streben nach Information, und Fahren bedeutet, von Punkt A nach Punkt B zu kommen.

Wie ich vorher bereits geschrieben habe, kann ich mich nicht daran erinnern, jemals ein Buch von vorne bis hinten gelesen zu haben, als ich Worte lesen konnte. Jetzt aber, dank schneller Abspielgeräte und der Aufnahmen der „National Library for the Blind", kann ich tatsächlich ein Buch pro Tag lesen.

Ich habe noch nie einen Menschen getroffen, der mehr Bücher als ich gelesen hat. Sicherlich gibt es Menschen, die mehr als ich gelesen haben, aber ich habe sie einfach noch nicht kennengelernt.

Ich weiß aber, dass ich mich sehr freuen würde, diese Menschen kennenzulernen, denn das Lesen all dieser Bücher hat über die letzten zwei Jahrzehnte meinen Horizont erweitert, und ich liebe es, Menschen zu treffen, deren Horizont weiter ist als mein eigener.

In Sachen Autofahren ist es so, dass ich kein Fahrzeug mehr bedient habe, seit ich einen Polizeiwagen von hinten rammte, den ich einfach übersehen hatte. Das ist eine interessante Geschichte, aber die hebe ich mir für ein anderes Mal auf. Doch der Vollständigkeit halber möchte ich noch sagen, dass diese Erfahrung meine Laufbahn als Fahrer vor über dreißig Jahren beendete. Dank chauffierter Autos und privater Flugreisen war ich trotzdem in der Lage, überall auf der Welt hinzukommen, wo ich wollte, und freue mich auch darauf, zukünftig noch zu reisen.

Was man sich immer merken muss, ist, dass es viele Wege gibt, die nach Rom führen, wie meine Oma immer zu sagen pflegte.

Behalten Sie Ihr Ziel im Auge und realisieren Sie, dass Ihre Mission nur *ein* Weg zu Ihrem Ziel ist. Ihr Ziel sollte feststehen und nicht verändert werden, aber die Mission und die Methoden, das Ziel zu erreichen, sollten total flexibel sein und immer wieder mit den Maßstäben der *Ultimativen Produktivität* überprüft werden.

Mir wurde gesagt, dass pro Jahr auf der ganzen Welt viele Millionen 6-mm-Bohrer verkauft werden. Ich wage zu behaupten, dass nie jemand wirklich diese 6-mm-Bohrer gewollt hat, obwohl Millionen von Menschen sie gekauft haben. Was sie wirklich wollten, war das 6-mm Loch. Wenn es eine andere Methode gäbe, diese 6-mm-Löcher auf magische Weise zu erhalten, dann würde der Markt für die Millionen von verkauften Bohrern über Nacht einbrechen.

Bitte behalten Sie im Kopf, dass wir immer das erhalten, nach dem wir Ausschau halten. Wenn Sie auf der Suche sind nach einem großartigen Tag, einer tollen Möglichkeit oder einer Person, die Ihr persönliches oder berufliches Leben zum Positiven beeinflusst, dann wird das passieren. Auf der anderen Seite werden Sie, wenn Sie morgen früh in der Erwartung aufstehen, einen tristen, langweiligen Tag mit derselben alten Routine zu erleben und den gleichen Menschen zu begegnen, die Ihnen Ihre Energie rauben, anstatt Sie zu ermutigen, Ihr Ziel zu erreichen, auch das finden.

Überprüfen Sie Ihre Erwartungen und Sie werden feststellen, dass Sie irgendwann einmal das erwartet haben, was Sie heute erleben.

Ich hasse es, derjenige zu sein, der Ihnen sagt, dass – falls Sie es selbst nicht schon herausgefunden haben – das Leben nicht fair ist. Das Leben ist großartig, es ist gewaltig und wundervoll, aber es ist nicht fair. In diesem Leben bekommen wir nicht immer, was wir wollen. Wir bekommen nicht immer, was wir brauchen. Und wir bekommen auch nicht immer, was wir verdienen. Aber wir werden unvermeidlich und zwangsläufig das bekommen, was wir erwarten. Wenn Ihr Leben heute in allen Facetten noch nicht so aussieht, wie Sie es sich vorstellen, dann beginnen Sie einfach damit, Ihre Erwartungen zu überprüfen, und Sie werden feststellen, dass Sie irgendwann einmal das erwartet haben, was Sie heute erleben. Das ist für Sie jetzt vielleicht etwas überraschend und aufwühlend, aber fassen Sie Mut. Wenn diese Erwartungen Sie hierher gebracht haben, dann bringen Sie die Erwartungen, die Sie mithilfe von *Ultimative Produktivität* aufbauen und pflegen, überall dorthin, wo Sie hin möchten.

Vor Kurzem habe ich ein Buch eines Promovierten gelesen, der seinen Lesern in guter Absicht sagen wollte, wie man Millionär wird. Bei näherer Betrachtung stellt man jedoch fest, dass dieser Promovierte nicht nur selbst kein Millionär ist, sondern aufgrund seines Einsatzes von Kreditkarten sogar völlig überschuldet. Das hat ihn aber nicht davon abgehalten, ahnungslosen Lesern den Weg zum Millionär zeigen zu wollen. Erinnern Sie sich immer daran: Ob es sich um mich oder jemanden anderen handelt, dessen Gedanken Sie lesen oder hören, nehmen Sie niemals Rat von Menschen an, die nicht das haben, was Sie wollen.

Nehmen Sie niemals Rat von einer Person an, die nicht bereits das hat, was Sie in Ihrem Leben haben wollen.

Kürzlich erst erschienene Statistiken sagen uns, dass es mehr als neun Millionen Millionäre in den USA gibt, und ich kann Ihnen versichern, dass es neun Millionen Wege gibt, dieses Ziel zu erreichen. Alle haben ihre Berechtigung, aber sie sind nicht austauschbar oder übertragbar.

Michael Jordan hat seinen Weg zum Millionär als wahrscheinlich bester Basketballspieler aller Zeiten geschafft. Am Höhepunkt seiner Karriere hat er versucht, Baseballspieler zu werden. Das Resultat all seiner Mühen war es schließlich, ein durchschnittlicher Baseballspieler in der Zweiten Liga zu werden. Obwohl es beachtlich ist, dass er überhaupt diesen Status im Baseball erreicht hat, so ist es trotzdem unübersehbar, dass sein Weg zum Erfolg über Basketball führte. Hätte er nur Baseball gespielt und keine anderen Wege oder Möglichkeiten zum Erfolg ausprobiert, dann hätten wir beide wahrscheinlich nie den Namen Michael Jordan gehört.

Es gibt einen einzigartigen Pfad für Sie und mich, der uns auf eine Reise führt, die uns Kraft, Freude und Leidenschaft gibt in unserem stetigen Streben nach persönlichem Erfolg. Egal wie hart Michael Jordan an seinem Baseballspiel gearbeitet hätte, so hätte er nie seinen persönlichen Erfolg oder *Ultimative Produktivität* erreicht, ohne dass er den Weg des Baseballs verlassen hätte und zurück auf den Weg des Basketballs gekommen wäre, der ihn letztendlich zu Ruhm, Vermögen und Erfolg führte.

Bevor Sie Ihre Reifen wechseln, Ihr Auto tunen und auf die Überholspur wechseln, stellen Sie sicher, dass Sie auf der richtigen Straße, in die richtige Richtung auf dem Weg zu Ihrem persönlichen Erfolg unterwegs sind.

NOTIZEN:

KAPITEL SECHS

LEIDENSCHAFT:
DIE URSACHE UND WIRKUNG

Bevor wir nun den Quantensprung hinein in die Motivation, Kommunikation und Implementation, die der Motor der *Ultimativen Produktivität* sind, machen können, müssen wir noch einen kurzen Abstecher unternehmen, um sicherzustellen, dass Sie mit Ihrer persönlichen Definition von Erfolg und Ihrer individuellen Mission auf dem richtigen Weg sind. Denn sollten diese Elemente nicht perfekt auf Sie angepasst sein, können Sie Ihr Ziel nicht erreichen.

Das Einzige, wodurch Sie Erfolg haben werden, ist der Mehrwert, den Sie durch die Nutzung von *Ultimativer Produktivität* produzieren werden. Wenn Sie auf der Zielgeraden durchhalten möchten, dann müssen Sie sicherstellen, dass Sie auf der *richtigen* Straße sind, die Sie auch zu Ihrem persönlichen Ziel bringt. Die einzige Möglichkeit, Ihre Zielsicherheit in diesem Punkt zu messen, ist, Ihre *Leidenschaft* zu überprüfen.

Ich hatte das Vorrecht, einige der großartigsten Menschen des zwanzigsten und jetzt des einundzwanzigsten Jahrhunderts kennengelernt zu haben und mit Ihnen zu arbeiten: ob auf der Bühne, im Fernsehen oder in Interviews für meine Kolumnen und Bücher. Jeder Einzelne dieser Menschen hat die Spitze in seinem jeweiligen Bereich erreicht, ob Wirtschaft, Sport, Politik, Sozialengagement oder Showgeschäft.

Diese ultimativen Erfolgspersönlichkeiten sind alle unterschiedlich, und es gibt nur ein Element, das ich erkennen konnte, bei dem sie eine Gemeinsamkeit haben – und das ohne Ausnahme: eine absolut standhafte und brennende Leidenschaft für die persönlichen Ziele, die sie verfolgen.

Mein allerérstes Interview im „Narrative Television Network“ führte ich mit dem legendären Filmstar Katharine Hepburn. Frau Hepburn war ein Pionier in der Filmindustrie und erhielt Anerkennungen, die es zuvor noch nie gegeben hatte, von ihren Zuschauern und ihren Kollegen. Wir hatten noch einige Gespräche nach diesem Interview, und ich war mit ihr bis einige Monate vor ihrem Tod in Kontakt.

Ich werde das Gefühl nie vergessen, als ich mich als völliger Anfänger mit Katharine Hepburn zum Interview hinsetzte. Sie wirkte einschüchternd auf mich, obwohl sie vollkommen natürlich und bescheiden war. Eine ihrer Antworten auf meine Fragen hat sich für immer in meinen Kopf eingebrannt.

Ich fragte: „Frau Hepburn, wenn Sie Ihren Weg nicht ins Showbusiness gefunden hätten, welchen Weg, glauben Sie, hätten Sie dann in Ihrem Leben verfolgt?“

Sie ließ sich meine Frage durch den Kopf gehen und antwortete dann zögernd: „Ich weiß nicht was ich dann gemacht hätte, aber ich hoffe, ich wäre in der Medizin oder einem anderen Heilberuf gelandet."

Dann, mit ihrer standhaften und unbeirrbaren Art, die ihre Fans so liebten, sagte sie mit Nachdruck: „Wenn ich nicht in der Lage gewesen wäre, als Schauspielerin meinen Unterhalt zu verdienen, dann hätte ich eine andere Möglichkeit finden müssen, wie ich mein Talent hätte ausüben können, denn ich handle aus dem angeborenen Drang, eine Schauspielerin zu sein."

Diese Art von Leidenschaft wird Sie, genauso wie damals Katharine Hepburn, durch Niederlagen und Siege auf Ihrer Mission zur Realisierung Ihres persönlichen Erfolgs hindurchtragen. Jeder, der fleißig arbeitet, wird mit Herausforderungen und Schwierigkeiten konfrontiert. Es sind die Menschen, die ihrer Leidenschaft folgen, die durchhalten.

Das erinnert mich an eine Geschichte, die ich oft bei Veranstaltungen in der ganzen Welt erzähle.

Es waren einmal zwei alte Stämme, die nahe beieinander lebten. Der eine Stamm lebte in einem üppig bewachsenen Tal in der Nähe eines Flusses, der die Bewohner, die Felder und das Vieh ganzjährig versorgte. Die Bewohner dieses Tals waren Landwirte und beschäftigten sich mit Anbau, Bewirtschaftung und Ernte – jede Saison und Jahr für Jahr.

Der zweite Stamm lebte im Hochgebirge knapp unterhalb der Schneegrenze, wo sie in Höhlen hausten und sich mit Jagen nach Fleisch und Fell am Leben hielten. Der Bergstamm gedieh, weil er der nachkommenden Generation die Kunst des Jagens und Fallenstellens lehrte.

Diese beiden Stämme lebten in unterschiedlichen Welten. Sie hatten sich selten gegenseitig gesichtet, obwohl sie weniger als einen Tagesmarsch voneinander entfernt lebten.

Wie es oft passiert, wenn zwei Gruppen oder Parteien nicht miteinander kommunizieren, begannen die zwei Stämme sich voreinander zu fürchten und wurden misstrauisch gegeneinander. Wenn Menschen nicht ausreichend miteinander kommunizieren und einander nicht verstehen, dann wird zuerst immer das Schlimmste vermutet.

Eines Tages wanderte eine Gruppe neugieriger Jugendlicher aus dem Bergstamm über die Grenzen ihres normalen Jagdgebiets hinaus. Und wie es bei Jugendlichen öfters vorkommt, handelten sie, ohne zu denken. Diese Jugendlichen nahmen ein kleines Baby aus seinem Schlaflager in der Nähe des Flusses, in dem die Mutter und andere Frauen des Talstamms ihre Kleidung wuschen.

Bevor sie richtig begriffen, was sie taten, rannten die Jugendlichen bereits durch den Wald nach Hause auf den Berg. Die wütenden Frauen des Talstamms waren ihnen dicht auf den Fersen. Bald waren die Entführer des Bergstamms an einem Punkt angekommen, an dem es kein Zurück mehr gab, und sie versteckten sich in ihrer Höhle mit dem Baby, das sie entführt hatten.

Aber sie hatte nicht irgendein Baby entführt, sondern den Säugling des Stammesführers der Talbewohner.

Noch in dieser Nacht hielt der Talstamm eine Krisensitzung am Lagerfeuer ab. Der Stammesführer flehte seine größten Krieger an, auf den Berg zu steigen und sein Baby zurückzubringen.

Bei Tagesanbruch machten sich die besten und stärksten Krieger auf den Weg zum Bergstamm, um das Baby des Stammesführers zu finden. Sie waren mutig und entschlossen, aber nicht vertraut mit dem Gebirge. Vor Sonnenuntergang kamen sie entmutigt zurück ins Tal und zu ihrem verzweifelten Stammesführer.

Ihr persönliches Erfolgsziel sollte unbedingt mit Ihrer tiefsten Leidenschaft übereinstimmen.

Im Licht der letzten Sonnenstrahlen sahen der Stammesführer und die Bewohner des Tales auf einmal eine einzelne Person den Berg herabsteigen, den zuvor die Krieger nicht imstande waren zu erklimmen. Als die Person näher kam, stellte sich heraus, dass es die Frau des Stammesführers war, mit ihrem Baby in den Armen.

Große Freude überkam den Stamm, und als der Jubel abgeklungen war, fragte der Stammesführer seine Frau vor dem versammelten Stamm: „Wie konnte es sein, dass du, meine Frau, imstande warst, auf den Berg zu steigen und unser Kind zurückzubringen, aber unsere besten und tapfersten Krieger daran scheiterten?“

Sie lächelte und sagte etwas, was für Sie und mich richtig klingt: „Es war nicht ihr Baby.“

Ihr persönliches Erfolgsziel sollte unbedingt mit Ihrer tiefsten Leidenschaft übereinstimmen. Die Tatschache, dass Ihre Mutter möchte, dass Sie die Universität besuchen, Ihr Ehepartner möchte, dass Sie abnehmen, oder Ihr Chef von Ihnen mehr Umsatz erwartet, ist nicht relevant bei der Betrachtung der *Ultimativen Produktivität*, wenn es um Ihre Mission und Ihr persönliches Erfolgsziel durch Motivation, Kommunikation und Implementation geht.

Motivation, Kommunikation und Implementation sind drei kraftvolle Werkzeuge, aber sie funktionieren nur, wenn es „Ihr Baby" ist. Sie werden tief in sich wissen, ob es Ihr Baby ist, wenn Sie die Leidenschaft und das Feuer in sich haben, um auf den Berg Ihres persönlichen Erfolgs zu steigen.

Wenige Menschen finden oder verfolgen jemals ihre wahre Leidenschaft, und daher ist es einfach, um uns herum täglich Beispiele zu sehen, wie Menschen in der Mittelmäßigkeit stecken bleiben – weit entfernt von ihrem persönlichen Erfolg und ihrer Leidenschaft.

Einmal arbeitete ich mit einem Mann zusammen, der es jeden Tag gerade so hinbekam, eine halbe bis dreiviertel Stunde zu spät zur Arbeit zu kommen und sich im Schneckentempo durch seine täglichen Aufgaben zu schleppen. Er war müde und deprimiert, und die Menschen um ihn herum fragten sich, ob er es am nächsten Tag wohl wieder schaffen würden, diese Routine durchzuziehen. Eines Tages aber fragte er mich, ob ich mit ihm angeln gehen würde, und ich entdeckte dabei eine erstaunliche Lektion über Leidenschaft – dank dieses Mannes.

Derselbe Mann, der jeden Tag in einem geisterhaften Zustand erst gegen 10.00 Uhr im Büro erschien, sagte mir, er würde mich am Samstag um 3.00 Uhr morgens zu unserem Angelausflug abholen. Ich bin ein Frühaufsteher. Meistens beginne ich zwischen 4.15 Uhr und 4.30 Uhr mit dem Hören von Büchern, aber 3.00 Uhr ist eine Stunde, die selbst ich sehr selten erlebe. Doch die Chance, meinen stets energielosen Freund zu dieser frühen Stunde zu beobachten, machte mich so neugierig, dass ich am Samstag, pünktlich um 3.00 Uhr morgens, in seinen Pick-up-Truck stieg. Ich erwartete das Schlimmste.

Doch an diesem Morgen wurde ich sehr überrascht, als ich von einer total enthusiastischen, energiegeladenen und leidenschaftlichen Person begrüßt wurde, wie ich es kaum zuvor in meinem Leben erlebt hatte. Um 4.30 Uhr standen wir bereits bis zu den Oberschenkeln im eiskalten Fluss, und er war den ganzen restlichen Tag ein Bündel Freude. Mit einigen, nur kurzen Pausen zum essen und trinken war er eine wahre Angelmaschine, dessen Feuer bis weit nach Sonnenuntergang anhielt. Auf unserem Weg nach Hause gab er mir noch eine begeisterte, detaillierte Zusammenfassung jeder Stunde dieses Angeltages.

Als wir bei meinem Haus ankamen und er mich aussteigen ließ, wurde mir bewusst, dass wir seine Leidenschaft gefunden hatten – seinen „Power Groove".

Als ich noch in der High School war, dachte ich immer, dass ich ein professioneller Football-Spieler werden wollte, aber als bei mir die Krankheit diagnostiziert wurde, die mir letztendlich mein

Augenlicht rauben sollte, war mir klar, dass ich es nicht in die Erste Liga schaffen würde. Also entschied ich mich, Leistungssportler im Gewichtheben zu werden, und gewann dabei tatsächlich die Nationale Meisterschaft in meiner Gewichts- und Altersklasse.

Unter Gewichtshebern ist es allgemein bekannt, dass es so etwas wie einen „Power Groove" gibt. Dieser „Power Groove" ist ein sehr begrenzter Bewegungsbereich, in dem Gewichtsheber wesentlich mehr heben können als eine Durchschnittsperson. Es ist aber auch bekannt, dass der stärkste Gewichtsheber der Welt, wenn er auch nur ein paar Zentimeter aus diesem „Power Groove" heraustritt, seine Kraft exponential verliert.

Ein Freund sagte mir einmal: „Wenn du deinen Job liebst, dann brauchst du keinen Tag deines Lebens mehr zu arbeiten."

Unser berufliches und persönliches Leben ist genauso. Wenn wir unser Leben im Bereich unserer Leidenschaft leben, uns bewegen und unser Sein finden, dann sind wir unschlagbar. Aber wenn wir aus unserem „Power Groove" herauskommen, wie der Angler an einem normalen Arbeitstag im Büro, dann sind wir zum Scheitern verurteilt.

Ein Freund sagte mir einmal: „Wenn du deinen Job liebst, dann brauchst du keinen Tag deines Lebens mehr zu arbeiten."

Spät in seiner Karriere gab mir Golflegende Lee Trevino die Möglichkeit, ihn zu interviewen. Während unseres Gesprächs erzählte er mir, dass er nach vielen Wochen voller Golfturniere immer nach Hause kam, seine Golfschläger in die Ecke schmiss und jedem, der es hören wollte, sagte: „Ich spiele nie wieder Golf." Aber nach einer erholsamen Nacht war er bereits wieder in der Garage am Werken, packte seine Golfschläger zusammen und wollte zum nächsten Golfplatz aufbrechen. Er zuckte mit den Achseln und sagte: „Jim, ich liebe es einfach, Golf zu spielen."

Das Highlight meiner Prominenten-Interviews war wahrscheinlich der Nachmittag, den ich mit Frank Sinatra verbrachte. Niemand vor oder nach ihm hat das Showbusiness so beeinflusst, wie er es für über ein halbes Jahrhundert hat. Eine unglaubliche Ausstrahlung umgab Frank Sinatra.

Er und sein Gefolge hatten in Vorbereitung auf ein Konzert, das am Abend stattfinden sollte, die obersten Stockwerke einer großen Hotelanlage gemietet. Die Straßen um das Hotel wurden abgesperrt, und die Sicherheitsvorkehrungen waren sehr hoch. Nachrichtenhubschrauber flogen um das Hotel, und es waren einfach gigantische Umstände.

Ich erinnere mich daran, dass ich zu Frank Sinatra und einigen seiner Begleiter sagte, dass sie einiges an Aufregung in Dallas verursachten. Ein bisschen verwundert sah Frank Sinatra zu einem seiner Vertrauten und fragte: „Wissen Sie, wovon er spricht?"

Der nächste Bodyguard oder Assistent antwortete, „Ja. Ich schon, aber Sie wahrscheinlich nicht."

Dann erst wurde mir bewusst, dass Frank Sinatra während seines gesamten Lebens als Erwachsener nie irgendwo war, wo er nicht den „Frank-Sinatra-Effekt“ erlebte, der an diesem Tag Dallas beherrschte. Er dachte, dass dieses Chaos Normalität sei.

Später, als ich Frank Sinatra interviewte, erkannte ich, dass er auf mehrere Arten Leidenschaft verkörperte. Als ich ihn, den Filmstar, Sänger, die TV-Ikone und noch viel mehr, fragte, wie er in Erinnerung behalten werden möchte, antwortete er: „Als Person, die eine einfache Geschichte durch ein Lied erzählt und es Menschen dabei ermöglicht, Dinge zu spüren.“

Wir hatten ein großartiges Interview, und als ich auf dem Weg nach draußen war, rief er mir Worte nach, die ich nie vergessen werde: „Hey, Kleiner! Ich hoffe, du wirst hundert Jahre alt, und das Letzte, was du jemals hören wirst, ist ein Lied, das ich für dich singe.“

Mögen wir alle ebenso unsere Leidenschaften im Leben entdecken!

NOTIZEN:

KAPITEL SIEBEN

ENTDECKUNGSTOUR:
DREI KRAFTVOLLE WERKZEUGE

In diesem gesamten Prozess, angefangen bei der ersten Bekanntschaft mit der Tatsache, dass Sie selbst die Wahl haben und danach handeln können, bis zur Erfüllung Ihrer Mission und dem Leben Ihrer Träume durch Ihren persönlichen Erfolg, gibt es viele Sprossen auf der Leiter.

Ich möchte Ihnen dazu gratulieren, dass Sie Erfolg in Ihren eigenen Worten definiert, die Mission von Ihrem jetzigen Ausgangspunkt bis zu Ihrem Ziel festgelegt und Ihre Leidenschaft für Ihr Ziel überprüft haben. Sie sind bereits auf einem guten Weg, Ihre Träume zu leben, aber es ist auch wichtig zu erkennen, dass viele Menschen bereits Träume gehabt, Ziele gesetzt und eine Mission gestartet haben. Die größten Hürden auf der Straße zum Erfolg sind die praktischen Schritte der Motivation, Kommunikation und Implementation.

Sie haben vielleicht einen Lebenstraum oder ein Zehnjahresziel, und das ist sehr wichtig, aber es beginnt alles mit dem ersten Schritt. Sie haben sicher schon einmal gehört, dass jede Reise, egal wie lang sie sein mag, mit dem ersten Schritt beginnt. Ich gehe sogar noch weiter und sage, dass jede Reise nichts weiter ist als eine

Reihe von einzelnen Schritten. Wenn Sie aber stehen bleiben oder einen Umweg einschlagen, dann werden Sie Ihr Ziel womöglich nicht erreichen.

Durch meine Vorträge, Zeitungskolumnen und Bücher habe ich das Privileg, viele Menschen zu treffen und mich mit ihnen zu unterhalten. Die meisten haben edle Ziele und erstrebenswerte Träume. Sie haben einen Plan, bis weit in die Zukunft hinein, aber leider haben viele keinen Plan für *diesen* Tag, *diese* Stunde und *diesen* Moment.

Jede Reise ist nichts weiter als eine Reihe von einzelnen Schritten. Wenn man aber bei einem dieser Schritte stehen bleibt oder einen Umweg einschlägt, dann wird man sein Ziel nicht erreichen.

Diejenigen von Ihnen, die meine Arbeit verfolgen oder eines meiner weiteren Bücher gelesen haben, kennen wahrscheinlich meinen Roman „Das ultimative Geschenk“ oder den Twentieth-Century-Fox-Kinofilm, der darauf basiert. Aus irgendeinem Grund hat die Geschichte eines alten Mannes, der das Bedürfnis hatte, sein Wissen und seine Weisheit und nicht nur seinen Reichtum weiterzugeben, Millionen von Herzen auf der ganzen Welt berührt.

Im Film spielt der legendäre Schauspieler James Garner die Rolle des alten Mannes namens Red Stevens. Wohlwissend, dass er dem Ende seines Lebens nahe ist, hinterlässt Red Stevens zwölf Videobotschaften für seinen Enkelsohn, die sich mit zwölf zentralen Lebenslektionen befassen.

Nachdem der Film in den amerikanischen Kinos gelaufen und das Buch millionenfach verkauft worden war, wurde ich immer wieder gefragt, welches der zwölf Geschenke denn nun das wichtigste im Leben ist. Wenn man die Geschenke wie *Arbeit*, *Geld*, *Freunde*, *Familie*, *Liebe* und andere betrachtet, ist es schwer, nur eines davon zu wählen. Aber wäre ich gezwungen, das wichtigste Geschenk auszusuchen, das in Zusammenhang mit dem Erreichen der persönlichen Ziele steht, dann wäre es immer das *Geschenk eines Tages*.

> **Das Gestern ist wie ein entwerteter Scheck, und das Morgen ist nicht mehr als ein Schuldschein. Heute ist Bares. Es ist real, es ist greifbar, und Sie und ich müssen dieses Heute weise verwenden.**

Durch das *Geschenk eines Tages* beginnt man zu realisieren, dass das Leben sehr kurz ist. Selbst wenn man heute im Durchschnitt sehr alt wird, fliegt das Leben doch wie ein einziger Augenblick an einem vorbei. Erfolgreich zu sein bedeutet nichts anderes als die Verknüpfung einer Serie von erfolgreichen Jahren. Ein erfolgreiches Jahr ist die Realisierung von zwölf erfolgreichen Monaten. Ein erfolgreicher Monat erfordert nicht mehr als das Schaffen von vier erfolgreichen Wochen, und eine Woche ist eine Aneinanderreihung von erfolgreichen Tagen. Letztendlich ist es aber so: Der einzige Tag, der wirklich zählt, ist das *Heute*. Das Gestern ist wie ein entwerteter Scheck, und das Morgen ist nicht mehr als ein Schuldschein. *Heute* ist Bares. Es ist real, es ist greifbar, und Sie und ich müssen dieses *Heute* weise verwenden.

Jeder Tag ist ein Geschenk, und wie man diesen verwendet, entscheidet darüber, ob man entweder einen Tag näher an sein Ziel kommt oder einen Tag weiter weg davon.

Seit sieben oder acht Jahren schreibe ich jetzt schon eine wöchentliche Zeitungskolumne, die weltweit in Zeitungen, Magazinen und Online-Publikationen gedruckt wird. Der Titel meiner Kolumne ist „Winners' Wisdom", und es geht um die Weisheiten von Gewinnern. Jede Woche versuche ich, genau das weiterzugeben: Weisheiten, die Gewinner produzieren, wenn man sie umsetzt. Alle diese Kolumnen enden mit dem Satz: „*Heute* ist der entscheidende Tag!"

Als mein Verleger eine Zusammenstellung dieser Kolumnen als Buch herausbrachte, wählten sie den Titel „*Heute* ist der entscheidende Tag!" – und das aus dem einfachen Grund, dass man Weisheiten lesen, hören oder lernen kann; wenn man sie aber nicht umsetzt, sind sie alle wirkungslos. Es ist dann einfach Wissen ohne Leben. Sobald man dieses Wissen anwendet, wird es zu Weisheit, und der einzige Zeitpunkt, an dem man Weisheit anwenden kann, ist *Heute*.

Ich bin weniger an den Details Ihres persönlichen Zieles und Ihrer Mission dahin interessiert als vielmehr an Ihrer heutigen Aktivität. Jeder Tag ist ein Geschenk, und wie Sie diesen verwenden, entscheidet darüber, ob Sie entweder einen Tag näher an Ihr Ziel kommen oder einen Tag weiter weg davon. Wenn Sie so arbeiten, handeln und dieselbe Einstellung haben wie jemand, der auf dem Weg zu seinem persönlichen Ziel ist, dann sind Sie bereits erfolgreich.

Der große Hotelbaron Conrad Hilton wurde einst gefragt, wann er das erste Mal wusste, dass er erfolgreich sein würde. Er antwortete dem Reporter, dass er es bereits wusste, als er noch mittellos war und auf einer Parkbank schlief, denn er unternahm bereits die Dinge, die nötig waren, um seinen persönlichen Erfolg zu erreichen.

Das *Heute* ist alles, was Sie haben, um in Ihre Zukunft zu investieren. Wenn Sie erfolgreich sein möchten, dann werden Sie es durch die Anwendung der Erfolgselemente Motivation, Kommunikation und Implementation. Jeder, der jemals erfolgreich wurde, hat diese Prinzipien eingesetzt, egal ob es in Ihrem oder meinem Vokabular so definiert wurde oder nicht.

Motivation ist der Treibstoff, der die Mission zu Ihrem persönlichen Erfolg möglich macht. Es ist das Erste, was wir bekommen, wenn wir in dieses Leben kommen, und das Letzte, was entschwindet, bevor wir es wieder verlassen. Alles, was wir tun – gut oder schlecht –, passiert, weil wir durch irgendwelche Gründe dazu motiviert wurden. In Anbetracht dessen, dass das *Heute* das Einzige ist, was man in seinen persönlichen Erfolg investieren kann, muss man seine Motivation ändern, wenn man das *Heute* bisher nicht weise investiert hat.

Kommunikation ist die Art und Weise, wie Sie Ihre Mission und Ihren persönlichen Erfolg für sich definieren und mit anderen darüber sprechen. Es ist noch nie jemandem gelungen, sein Ziel alleine zu erreichen. Wenn Ihnen jemand erzählt, er sei noch nie an etwas gescheitert, dann können Sie ihn selbstbewusst wissen lassen, dass er – wenn nicht woanders auch – zumindest daran gescheitert ist, den Beitrag anderer anzuerkennen.

Solange Sie Ihre Ziele nicht kommunizieren können, sind es noch nicht Ihre eigenen Ziele und sie haben sie noch nicht fest in Ihrem Herzen verankert. Gute Pädagogen werden Ihnen berichten, dass es die beste Art ist, etwas zu lernen, indem man es unterrichtet. Der Prozess, einen Inhalt zu *kommunizieren*, verankert es immer fester in Kopf und Herz.

Sie müssen lernen, ein erfolgreiches Team aufzubauen. Die Menschen können nicht einfach von Ihrer persönlichen Leidenschaft zehren. Sie werden nur für das Feuer fangen, was Sie *kommunizieren*. Was Sie fühlen, denken oder glauben, ist bedeutungslos, wenn Sie es nicht mitteilen können. Und genau das kann nur durch *Kommunikation* stattfinden.

Implementation bedeutet, Ihre Gedanken, Träume, Leidenschaften, Mission und persönlichen Erfolgsziele in Aktion umzusetzen. In unserer Welt ist es leider so, dass oft mehr gesagt als getan wird. Sie werden Ihren Traum aber nicht leben können, nur weil Sie heute anpacken *wollten* oder beabsichtigt *hatten*, die richtigen Schritte zu tun. Ihre besten Absichten sind bedeutungslos. Sie werden die Ernte Ihrer *Ultimativen Produktivität* einfahren.

Wenn Sie das Abendessen nur kochen *wollten*, es aber nicht taten, dann werden Sie hungrig sein. Wenn Sie beabsichtigt hatten, ein Feuer anzuzünden, aber nicht danach handelten, dann werden Sie frieren. Und genauso felsenfest kann man behaupten, dass Sie scheitern werden, wenn Sie Ihre Mission nicht mit täglicher Routine umsetzen.

Ich wünschte, ich könnte Ihnen einen genauen „Bauplan“ für Ihre eigene Motivation, Kommunikation und Implementation geben, aber diese Elemente sind so individuell wie Ihre Fingerabdrücke. Aber zum Glück halten Sie die Schlüssel zum Bauplan Ihrer eigenen Motivation, Kommunikation und Implementation und zu den Herzen der Mitglieder Ihres Erfolgsteams, das Sie anziehen werden, in Ihren eigenen Händen.

Vielleicht denken Sie, dass Sie einen Kollegen motivieren, indem Sie ihn vor einem großen Publikum für seine Leistungen anerkennen. Aber es könnte viel mehr der Wahrheit entsprechen, dass es für diese Person furchteinflößend, entmutigend und demotivierend ist. In diesem Fall werden Sie Ihre guten Intentionen weiter von Ihrem gewünschten Ziel wegbringen. Mag sein, dass Sie auch denken, dass Sie Ihre Mission an die Menschen um sich herum, die sich der *Ultimativen Produktivität* und Erfolg verpflichtet haben, kommunizieren; aber wenn Sie Englisch sprechen und alle anderen nur Französisch verstehen oder Sie schriftlich kommunizieren und die anderen nicht lesen können, dann werden Sie niemals Erfolg haben.

Erinnern Sie sich daran: Als Blinder kann ich Worte nicht sehen, aber ich lese durch Hörbücher mehr als alle anderen, die ich kenne. Wenn Sie versuchen, mit mir zu kommunizieren, und darauf bestehen würden, alles Schwarz auf Weiß zu machen, dann könnten wir beide nicht gemeinsam erfolgreich werden.

Und schließlich müssen Sie verstehen, wie jeder in der Gruppe seine maximale Leistung erreichen kann, wenn Sie versuchen, sich selbst oder die Menschen um Sie herum in die Phase der Umsetzung zu involvieren, um am Ende die *Ultimative Produktivität* zu erreichen.

Wenn Sie und Ihr Team sich der Aufgabe verschrieben hätten, die Freiheitsstatue in New York zu restaurieren, so wie es vor einigen Jahren gemacht wurde, dann würden Sie Ihr Team dazu motivieren müssen, dieses Symbol unserer Freiheit und alles, was es bedeutet, auf jeden Fall zu wahren. Sie müssten auch Ihre Leidenschaft für dieses Projekt kommunizieren und allen beteiligten Personen Anleitung geben. Sofern Sie aber nicht in die Implementation kommen, wäre alles Vorangegangene ohne Bedeutung.

Wenn Sie und Ihr Team entscheiden, dass Sie um 6.00 Uhr früh mit der Arbeit beginnen, und dann entdecken, dass die erste Fähre zur Liberty Island erst um 9.00 Uhr ablegt, könnten Sie mit der Implementation nicht beginnen.

Mehr Menschen scheitern an *falscher* Motivation, *chaotischer* Kommunikation und *unzureichender* Implementation als an allem anderen.

NOTIZEN:

KAPITEL ACHT

EINE EHRLICHE EINSCHÄTZUNG:
BRINGEN SIE SICH IN POSITION

Als Athlet, Geschäftsmann und Sprecher konnte ich in den vergangenen Jahrzehnten viele Gewinner und Verlierer beobachten. Der Unterschied zwischen Gewinnern und Verlierern ist auf der produktiven Ebene sehr klein, aber überwältigend in Bezug auf die Belohnung.

Ich studierte das Thema Erfolg und die Menschen, die in ihren Unternehmen, in der Finanzwelt und als Existenzgründer Erfolg hatten. Immer wieder stieß ich darauf, dass Erfolg genau dann möglich wurde, wenn Motivation, Kommunikation und Implementation miteinander verbunden werden. Aus diesem Grund habe ich dieses Buch zusammengestellt, damit Selbstständige, Investoren und andere Personen der Geschäftswelt sich auf genau diese drei Komponenten konzentrieren und sie nutzen können.

Obwohl Sie bereits Ihre eigene Route zum Erfolg definiert haben (sowohl Ihre spezifische Mission von A nach B als auch die Leidenschaft, die Ihnen das Durchhaltevermögen gibt), werden Sie ohne die praktischen Elemente von Motivation, Kommunikation und Implementation zwar angemessen gekleidet an der Startlinie stehen, aber nirgendwo hinkommen. Diese Elemente sind existenziell für jeden, sind aber individuell in der Art und Weise, wie sie sich in Ihrer spezifischen Situation auswirken.

Nehmen wir an, Sie wollen sich für Ihren Erfolg richtig schick machen und sich einen Maßanzug schneidern lassen, damit Sie bestmöglich aussehen und sich auch so fühlen. Egal wie motiviert Ihr Schneider auch sein mag, egal wie gut Sie ihm kommunizieren, welchen Schnitt, Stoff und welches Design Sie möchten, und egal wie willig und fähig Ihr Schneider ist, mit der Implementation zu beginnen – ohne Ihre spezifischen Körpermaße wird er nie eine Chance haben, Ihnen einen qualitativ hochwertigen Maßanzug zu schneidern.

Viele Leader und Führungskräfte weltweit haben mir dabei geholfen, den Prozess der *Ultimativen Produktivität* zu entwickeln. Wenn Sie Ihre *persönlichen Stärken* kennen und diese mit Motivation, Kommunikation und Implementation verbinden, werden Sie den größten Nutzen daraus ziehen. Deshalb empfehle ich Ihnen sehr, sich mit Ihren Stärken auseinanderzusetzen.

Mit am meisten beeinflusste mich der legendäre Basketball-Trainer John Wooden. Noch nie zuvor war jemand so erfolgreich wie er bei der Zusammenstellung eines siegreichen Teams. Er schaffte es Jahr für Jahr, immer unter anderen Voraussetzungen und mit anderen Spielern. Trainer Wooden half mir zu verstehen, dass Motivation, Kommunikation und Implementation zwingend erforderlich sind, aber man mit jedem Spieler und jedem Team anders arbeiten muss.

Manche Spieler sind motiviert, indem man ihnen leicht auf die Schulter klopft. Für andere Spieler wiederum muss das Klopfen etwas niedriger, dafür aber stärker ausfallen. Manche Spieler brauchen verbale Kommunikation, und andere müssen den Spielzug als Skizze aufgezeichnet bekommen. Einige Spieler implementieren am besten durch lange, harte Trainings, während andere mehrere, leichtere Einheiten am Tag bevorzugen.

Wenn man auf ein bestimmtes Instrument oder eine bestimmte Route anstatt auf den Erfolg selbst festgelegt ist, dann sind die Chancen, seinen Traum oder seine Bestimmung zu leben, sehr gering.

Es gibt viele Wege, Arten und Instrumente, mit denen man an sein Ziel gelangen kann. Wenn Sie aber auf ein bestimmtes Instrument oder eine bestimmte Route anstatt auf den Erfolg selbst festgelegt sind, dann sind Ihre Chancen, Ihren Traum oder Ihre Bestimmung zu leben, sehr gering.

Ich reise mehrere Male pro Monat per Flugzeug. Einmal sprach ich mit einem Piloten und war sehr besorgt, als ich erfuhr, dass er während eines zweistündigen Fluges die meiste Zeit vom Kurs abweicht. Wenn ein Flugplan erstellt wird und der Pilot alle Informationen in den Flugcomputer einträgt, dann erstellt der Computer virtuell die perfekte Flugroute vom Startflughafen zum

Ziel. Leider ist es aber so, dass vom Start an bis zur Landung, das Flugzeug immer entweder zu hoch oder zu niedrig fliegt oder nach links oder rechts von der Route abweicht. Wenn Sie regelmäßig fliegen, dann wird es Sie sicher beruhigen – so wie mich –, dass der Computer und die Piloten ständig den Kurs korrigieren.

Wenn die Piloten sich aber nur auf den vom Computer geplanten Kurs anstatt auf das Ziel fixierten, dann würden Sie in dem Moment, in dem Sie vom Kurs abkommen frustriert eine Runde in der Luft drehen, wieder am Startflughafen landen und es später noch einmal versuchen.

Niemand, der erfolgreich wurde, schaffte es auf exakt dem Weg, den er geplant hatte. Selbst wenn alles nach Plan läuft, dann gibt es Umstände auf dem Weg von A nach B, die sich ständig verändern.

Trainer Wooden stellte fest, dass es im Basketball bestimmte absolute Regeln gibt. Zum Beispiel muss man in der festgelegten Spieldauer mehr Punkte als die andere Mannschaft erzielen. Aber darüber hinaus gibt es genauso viele Möglichkeiten zu motivieren, zu kommunizieren und zu implementieren, wie man Spieler im Team hat.

Trainer Wooden hatte ein ganz bestimmtes Trainingsmuster und eine bestimmte Methode, zu entscheiden, welcher Spieler welche Rolle einnehmen sollte. Aber dann gewann er einen Spieler namens Lew Alcindor für sein Team. Lew war nicht nur größer und schneller, er hatte auch bestimmte Fähigkeiten, die anders waren als die von fast allen anderen Spielern. Das Ziel, zu gewinnen, indem man mehr Punkte als die andere Mannschaft erzielt, hat sich nie verändert. Allerdings realisierte Trainer Wooden, dass er im System flexibel genug sein musste, um das enorme Talent und das einzigartige Potenzial dieses neuen Spielers nutzen zu können.

Alcindor wurde zu einem der größten College-Basketballspieler aller Zeiten, und Trainer Wooden führte sein Team bis zu den nationalen Meisterschaften, weil er die Art und Weise, wie er Lew Alcindor und die anderen Spieler motivierte, mit ihnen kommunizierte und implementierte, so anpasste, dass es die *Ultimative Produktivität* im Team hervorbrachte. Übrigens schrieb Lew Alcindor auch die Geschichtsbücher der NBA neu und wurde bekannt als Kareem Abdul-Jabbar.

Erfolg ist nie eine Patentlösung oder für alle gleich. Erfolg ist ein maß-geschneiderter, einzig-artiger, wundervoller Anzug, der einzig und allein für Sie liebevoll ge-schneidert wurde.

Die Personen in Ihrem Büro oder Ihrem Team haben genauso viel Potenzial, wie Kareem Abdul-Jabbar als Basketballspieler hatte. Sie müssen aber verstehen lernen, wer sie sind und wie sie *Ultimative Produktivität* durch eine einzigartige Mischung aus Motivation, Kommunikation und Implementation schaffen können, die jeder einzelnen Person gerecht wird. Erfolg ist nie eine Patentlösung oder für alle gleich. Erfolg ist ein maßgeschneiderter, einzigartiger, wundervoller Anzug, der einzig und allein für Sie liebevoll geschneidert wurde.

Als Blinder und als Präsident des „Narrative Television Network", das Filme, Fernsehen und pädagogische Programme den 13 Millionen erblindeten oder sehbehinderten Menschen in den USA zugänglich macht, bin ich schon sehr lange in den Bereich der Sonderpädagogik involviert. Über viele Jahre aber existierte dieser Bereich nicht. Schüler mit Behinderungen, aufgrund derer sie nicht im normalen, gewohnten Alltag mithalten konnten, bekamen einfach keine Bildung. Später, als die einzelnen Behinderungen mehr und mehr durch das Medizin- und Bildungswesen erforscht wurden, wurde die Sonderpädagogik geboren.

Anfänglich wurde über Schüler, die nicht in der gewohnten Weise „funktionierten" oder der „Norm" entsprachen, gesagt, dass sie eine „Lernbehinderung" hätten. Der Begriff „Lernbehinderung" durchdrang die Sonderpädagogik über viele Jahre hinweg. Keine Frage mit der Folge, dass viele Schüler in ihren Möglichkeiten eingeschränkt wurden, weil ihnen nicht die speziellen Hilfsmittel und spezifische Förderung gegeben wurden, um ihr Potenzial zu erreichen.

In den vergangenen Jahren wurde ein neuer Begriff in der Sonderpädagogik geprägt. Heute werden Schüler, die einst als lernbehindert bezeichnet wurden, als Schüler mit „Lernschwierigkeiten" bezeichnet und nicht als behindert. Dieser Begriff allein hatte schon eine riesige Auswirkung, weil wir alle die Tendenz haben, Titeln und den damit verbundenen Erwartungen gerecht zu werden. „Lernbehindert" kennzeichnet einen Schüler mit einer Behinderung und einem Problem, was ihm nicht erlaubt, auf Augenhöhe mit anderen zu funktionieren. Aber eine „Lernschwierigkeit" zeigt eine besondere Person, die vielleicht einfach nur eine andere Route zum gleichen Ziel - oder vielleicht sogar einem größeren Ziel - als die Menschen um sie herum nehmen muss. „Lernbehinderung" definiert ein Defizit im Schüler selbst. „Lernschwierigkeit" weist einen Lehrer darauf hin, mit diesem Schüler neue Wege zu suchen, ihn zu motivieren, mit ihm zu kommunizieren und ihm zu helfen, zu implementieren.

Sie können diese Schlussfolgerung auch auf sich selbst und diejenigen, mit denen Sie zusammenarbeiten, anwenden. Wenn Sie versuchen, auf die gleiche Art und Weise wie die Menschen um Sie herum zu arbeiten - oder versuchen, jeden um sich herum genauso wie Sie arbeiten zu lassen –, werden Sie niemals Ihre eigene Definition von Erfolg durch die *Ultimative Produktivität* erreichen.

Hammer, Schraubendreher und Zangen sind unersetzbare Werkzeuge für einen Schreiner, aber sie sind nicht untereinander austauschbar. Der beste Schreiner der Welt wird seine Produktivität verlieren, wenn er versucht, Nägel mit einem Schraubendreher einzuschlagen. Wenn Trainer Wooden versucht hätte, Kareem Abdul-Jabbar auf der falschen Position spielen zu lassen, dann glaube ich nicht, dass die Meisterschaftsbanner heute in der UCLA (University of California at Los Angeles) hängen würden.

In meiner Firma „Narrative Television Network" haben wir - zumindest meiner Meinung nach - das beste Team der Welt. Ich hoffe, Sie denken und fühlen genauso über Ihr Team. Wir haben in unserem Unternehmen Logistiker, Buchhalter, TV-Produktionstechniker und Kreative. Alle sind absolut notwendig, und ich glaube, sie sind die Besten in dem, was sie tun, aber sie sind nur schwer untereinander austauschbar.

Folgendes scheint ein allgemein gültiges Gesetz zu sein: Je mehr jemand in einem Bereich herausragt, desto weniger Kompetenz hat er in anderen Bereichen. Egal um welchen Bereich es geht, *Ultimative Produktivität* benötigt stets Talent, harte Arbeit und Hingabe. Es ist sogar zwangsläufig so: Je weiter Sie in einem Bereich auf der Leiter aufsteigen, desto weniger Höhe werden Sie in anderen Bereichen erreichen können.

Wie ich schon vorher erwähnt habe, war ich Gewichtheber. Gewichtheben ist eine Sportart bei den Olympischen Spielen. Und bei den Olympischen Sommerspielen gibt es unter anderem auch Sprinter, Turner und Schwimmer. Jeder ist in seinem Bereich ein Weltklasse-Athlet, der *Ultimative Produktivität* umsetzt. Wenn Sie aber einen Gewichtheber im Schwimmen antreten lassen oder einen Turner im Gewichtheben, dann erleben Sie eher Theater als sportliche Dramatik.

Während ich diese Worte diktiere, werden Sie von einer hochtalentierten Grammatikerin, Dorothy Thompson, in einen Computer getippt. Ohne sie hätte niemals jemand eines meiner Bücher oder eine meiner Kolumnen gelesen. Ich bin mir dessen ziemlich sicher, denn ich weiß nicht, wie man tippt, und als Konsument von Hörbüchern verstehe ich auch nichts von Rechtschreibung und Satzzeichen. Dennoch hat mich dieser

Umstand dank Dorothy nicht davon abgehalten, Millionen von Büchern zu verkaufen.

Im unteren Stockwerk unseres Gebäudes haben wir vier hochmoderne digitale Film-Bearbeitungsstudios. Ich weiß nicht einmal, wie man diese Geräte einschaltet, und doch bin ich in der Lage, einen erfolgreichen TV-Sender zu leiten. Tatsächlich habe ich sogar den Emmy Award Fernsehpreis der „National Academy of Television Art and Sciences" erhalten. Dieser Preis erkennt die technischen Fähigkeiten von NTN an, obwohl ich nicht einmal die Namen der einzelnen Geräte in unserem Studio kenne. Bitte sagen Sie das nicht der Academy!

Wenn Sie Ihre eigenen Erfolgsziele aufgrund *Ultimativer Produktivität* durch Motivation, Kommunikation und Implementation hervorbringen möchten, dann ist es wichtig, *Ihrer* Leidenschaft zu folgen, indem Sie die Dinge tun, in denen Sie *herausragend* sind. Es ist wichtig, auch diese Elemente in den Menschen um Sie herum zu erkennen, damit jeder Spieler in Ihrem Team ein Weltklasse-Champion in seinem Bereich werden kann.

Sie werden unaufhaltbar, und Ihr persönliches Erfolgsziel wird hundertprozentig eintreten, wenn Sie Ihr einzigartiges Stärken-Profil – und die Profile derer um Sie herum – bestimmen. Wenn Sie und alle Mitglieder Ihres Teams in Leidenschaft leben und Sie Ihren „Power Groove" mit totaler Kommunikation und maximaler Implementation nutzen, dann wird Ihr Leben zu einer vollgetankten Rakete, die Sie in das Universum Ihrer kühnsten Vorstellungen hinaustransportieren wird.

Es beginnt alles mit Motivation.

NOTIZEN:

KAPITEL NEUN

MOTIVATION:
EIN WUNDERSAMER MOTOR

Egal ob Sie Ihr persönliches Ziel als Angestellter, Selbstständiger oder als Investor verfolgen, Sie werden lernen müssen wie Motivation, Kommunikation und Implementation Sie und jeden um Sie herum beeinflussen, um *Ultimative Produktivität* zu erreichen.

Oftmals ist es allerdings so, dass man sich selbst am allerschwierigsten versteht. Zu viele von uns haben die Neigung, in der Vergangenheit zu leben, weil wir alle unsere Schwächen kennen und andauernd unsere Fehler der Vergangenheit aufwärmen und sie dadurch ständig in unsere Zukunft mitnehmen.

Wir sind aber nicht mehr die Personen, die wir in der Vergangenheit waren – außer wir entscheiden uns dazu. Selbst wenn Sie in der Vergangenheit mehrfach gescheitert sind, sind Sie nicht länger diese Person, denn Sie haben Weisheit und Wissen aus diesen Erfahrungen mitgenommen und daraus gelernt. Sie haben sicher schon einmal gehört, dass es völliger Blödsinn ist, ständig das Gleiche zu tun, aber dabei andere Resultate zu erwarten. Umgekehrt sagt uns die Weisheit, dass wir einfach unser Verhalten ändern müssen, um unsere Zukunft zu verändern, wenn uns ein bestimmtes Verhaltensmuster zu Fall gebracht hat.

Sie haben sicher schon einmal gehört, dass es völliger Blödsinn ist, ständig das Gleiche zu tun, aber dabei andere Resultate zu erwarten. Umgekehrt sagt uns die Weisheit, dass wir einfach unser Verhalten ändern müssen, um unserer Zukunft eine neue Richtung zu geben.

Sobald Sie für sich den besten Weg ausgemacht haben und erkannt haben, wie Sie Motivation, Kommunikation und Implementation in Ihrem Leben umsetzen können, müssen Sie sich auch dazu verpflichten, ständig die Veränderungen in Ihrem Leben zu beobachten und wie sich diese auf Ihre Persönlichkeit auswirken.

Shakespeare hat es wahrscheinlich am treffendsten ausgedrückt: „Bleib dir selbst treu." Wie bei allen großen Weisheiten ist das leichter gesagt als getan. Aber Sie werden erleichtert sein zu hören, dass Sie nicht Perfektion erreichen müssen, um Ihren persönlichen Erfolg zu genießen. Über einige meiner Lieblings-Baseballspieler werden heute Lobeshymnen gesungen, obwohl sie beim Schlagen des Balles öfter versagt als getroffen haben.

Donald Trump hat mir schon immer viel bedeutet. Er ist ein exzellentes Vorbild und ein großartiger Mentor. Ich habe durch das Beobachten seiner Erfolge wie auch seiner Rückschläge viel von ihm gelernt. Wenn Donald Erfolg hatte, dann immer gleich im großen Stil. Und genauso war es auch, wenn er scheiterte. Wenn er aber scheiterte, dann stand er wieder auf, schüttelte den Staub von sich und fing neu an – genauso wie Sie und ich das tun müssen.

Im Prozess, die *Motivation* auf Ihrem Weg zum persönlichen Erfolg durch *Ultimative Produktivität* zu meistern, ist es unerlässlich herauszufinden, wie Sie nicht nur sich selbst, sondern auch alle, mit denen Sie zusammenarbeiten, kontinuierlich motivieren können. Denken Sie daran: Ob Sie Ihren Arbeitstag in einem kleinen Kellerbüro, am Computer oder in einem großen Unternehmen, umgeben von Tausenden Kollegen, verbringen, Sie arbeiten ständig an sich selbst und mit anderen. Sie müssen bei jedem den „Maximale-Motivation-Schalter" drücken, und dafür gibt es kein Patentrezept.

Beginnen wir mit der Ausgangsposition. Sie wissen wahrscheinlich nicht einmal, was Sie selbst motiviert, und Sie bekommen sicherlich auch kein akkurates Feedback, was Ihre Kollegen oder Mitarbeiter motiviert. Je höher Sie in der Hierarchie stehen, desto wichtiger sind die Menschen, mit denen Sie arbeiten, und desto schwieriger ist es, ein aussagekräftiges Feedback zu erhalten.

Wenn der Geschäftsführer einer Firma jede Person im Büro fragte, wie seine Krawatte heute aussieht, was denken Sie, wie oft er eine ehrliche und konstruktive Antwort erhalten würde? Wenn er viel Zeit, Einsatz und Finanzen für die Entwicklung einer Strategie oder eines Programms zur Motivation seiner Mitarbeiter aufwendete und es dann auf einer Mitarbeiterversammlung präsentierte, dann bekäme er wahrscheinlich von den Mitarbeitern viele Komplimente und Applaus, unabhängig davon, was sie wirklich denken.

Ich habe mit vielen Top-Firmen gearbeitet und bin immer wieder erstaunt, feststellen zu müssen, wie wenig die Entscheidungsträger darüber wissen, wie man die Menschen, für die man verantwortlich ist, am besten motiviert. Die Menschen lügen ja nicht. Sie geben nur Antworten, bei denen sie aus jetziger Sicht das Gefühl haben, dass sie ihrem eigenen Interesse dienlich sind.

Wenn Sie an Weihnachten mit der ganzen Familie am Esstisch sitzen und Tante Mathilde Sie vor allen fragen würde, was Sie von ihrem Kürbisauflauf halten, dann, so nehme ich an, würden Sie sich – auch wenn der Auflauf wie Tapetenkleister schmeckt – irgendetwas einfallen lassen, um eine neutrale, wenn nicht sogar positive Antwort zu finden.

Genauso wie Sie Tante Mathildes Gefühle und Ihren Platz in ihrer Gunst schützen möchten, werden Ihre Mitarbeiter ihren eigenen Arbeitsplatz, ihre Existenz und die finanzielle Sicherheit ihrer Familie erhalten wollen. Daher ist es wichtig zu erkennen, dass, je höher Sie auf der Leiter stehen und je wichtiger Sie für die Menschen sind, es desto schwieriger für Sie sein wird, ehrliches Feedback zu erhalten – besonders, wenn Sie der Chef sind.

Diese Zwänge schaffen ein falsches Umfeld, in dem sich nie etwas verändert. Wenn Sie aber Ihr persönliches Erfolgsziel durch

Ultimative Produktivität erreichen möchten, dann müssen Sie nicht nur ehrlich zu sich selbst und den Menschen um sich herum sein, sondern Sie müssen auch ein Umfeld schaffen, in dem Menschen sich frei fühlen, auch ehrlich zu Ihnen zu sein.

Oft wird der Begriff *Motivation* in unserem Geschäfts- und Erfolgsvokabular missverstanden. Viele Jahre haben mich Menschen als „Motivationssprecher", -kolumnist oder -autor tituliert. Obwohl ich den Titel verstehe und auch Ihre Absicht schätze, so ist es doch wichtig zu verstehen, dass ich niemanden motiviere – wie auch keine andere Person das tut. Man hofft einfach darauf, dass man die richtigen Knöpfe bei einer Person findet – etwas, was die Person im Innersten erreicht, weil sie bereits dafür motiviert *ist.*

Denken Sie daran, dass Sie niemals erfolgreich sein werden, wenn Sie *Aktivität* mit *Produktivität* verwechseln. Wenn alles, was Sie wollen, wilde Aktivität ist, dann können Sie Ihre Mitarbeiter durch Angst, Einschüchterung und Zwang in den Schein von Aktivität versetzen. Sie könnten morgen in Ihr Büro gehen und jedem sagen – mit wirkungsvoller Stimme –, dass Sie beginnen werden, Mitarbeiter zu entlassen, wenn nicht der Motivationspegel im Unternehmen steigt. Was Sie dadurch erhalten werden, ist eine Gruppe von Menschen, die lächeln, beschäftigt aussehen und wahrscheinlich immer „Jawohl!" sagen. Sie haben dadurch aber niemanden motiviert, sondern vielmehr alle Mitarbeiter demotiviert.

Ihre Absicht, die Menschen um Sie herum zu motivieren, wird wirkungslos bleiben und kontraproduktiv sein, wenn Ihre

Handlungen nicht spezifisch, gezielt, herzlich und ernsthaft sind. Sie denken vielleicht, dass Sie eine Ihrer Mitarbeiterinnen motivieren, indem Sie ihr zum Geburtstag gratulieren und sagen, wie viel sie Ihnen und der Organisation bedeutet; wenn ihr Geburtstag aber bereits vor siebeneinhalb Monaten war, dann wird sie eher weniger motiviert sein als vorher.

Ihre Motivationsbemühungen müssen gezielt auf die jeweilige Person abgestimmt sein, die Sie motivieren möchten. Hier ist noch ein Beispiel.

Ich bin mir sicher, dass vor vielen Jahren irgendein Football-Trainer irgendwo gelesen hat, dass mitreißende Musik sein Team motivieren könnte. Also hörten die Spieler über viele Jahre hinweg in der Umkleidekabine Musik, die ihr Trainer für motivierend hielt. Aber als ich zum letzten Mal eine Umkleidekabine vor einem großen Spiel betrat, war es so still wie in einer Leichenhalle. Einige der Spieler entspannten sich, andere dehnten sich, und manche studierten die Spielzüge. Aber die meisten Spieler trugen Kopfhörer, die mit einem iPod verbunden waren.

Später habe ich vom Trainer erfahren, dass einige Spieler gerne laute Rockmusik vor einem Spiel hörten, während andere Rap, Klassik, Jazz oder andere Musikrichtungen bevorzugten. Manche Spieler hörten am liebsten Geräusche wie Meereswellen, Waldgeräusche oder einfaches Rauschen. Wieder andere bevorzugten Stille.

Wenn Sie einfach davon ausgehen, dass *eine* Sache für *alle* motivierend ist, dann würden Sie beim Versuch, andere zu motivieren, völlig versagen und in der Tat viele der Spieler demotivieren.

Eines der Dinge, die mein Freund und Kollege Zig Ziglar sagt, ist: Motivation ist individuell und stets erwünscht. Einmal hat er mir aber gesagt, dass er einen Herrn kennengelernt hat, der ihm erklärt hatte, dass er nicht mehr zu Motivationsveranstaltungen gehen müsse, da er schon bei vielen Seminaren war und bereits alles gehört habe. Zig Ziglar fragte ihn daraufhin, ob er heute geduscht habe. Verwundert bejahte der gute Mann, dass er heute die Dusche aufgesucht habe. Zig sagte ihm daraufhin, dass *Motivation* dem Duschen ganz ähnlich ist. Die Wirkung der Dusche der vorigen Woche, des vergangenen Monats oder des vergangenen Jahres hat wahrscheinlich bereits nachgelassen.

Mein Studium habe ich in den Bereichen Psychologie und Soziologie absolviert. Und viele der aktuellen Überzeugungen besagen, dass wir Menschen alles aus einem von zwei Gründen tun: um Freude zu erleben oder Schmerz zu vermeiden. Obwohl das sicherlich stichhaltige Motivatoren sind, würde ich sagen, dass die Mehrheit der Menschen, die täglich mit dem Auto, der U-Bahn oder zu Fuß zu ihrer Arbeit pendeln – genauso wie sie es gestern auch taten –, wahrscheinlich mehr aus einem Gefühl der *Gewohnheit* als aus irgendeiner anderen Motivation heraus handeln. An einem Punkt in ihrer Vergangenheit waren sie bestimmt motiviert für ihren Job oder zumindest erfreut darüber, dass sie einen Job hatten, anstatt zu verhungern. Allerdings ist das sicherlich nicht die Motivation, die Sie und ich brauchen, um unser persönliches Erfolgsziel durch die *Ultimative Produktivität* zu erreichen.

Denken Sie daran, ob Sie im größten Konzern der Welt, einem kleinen Unternehmen oder ganz für sich als Selbstständiger oder Investor arbeiten: Wir sind alle Teil eines Teams, und nur die, die diese Tatsache anerkennen, werden erfolgreich, indem sie die *Ultimative Produktivität* erreichen.

Ihr Team ist wie ein Jumbo Jet. Es sind vielleicht vierhundert Menschen an Bord, die alle dasselbe Ziel haben. Dennoch gibt es so viele unterschiedliche Motivationen für die Reise, wie es Menschen auf den Flugzeugsitzen gibt. Der Pilot, Co-Pilot und die Flugbegleiter gehen ihrer Arbeit nach, aber manche Mitglieder der Mannschaft empfinden totale Leidenschaft für die Fliegerei oder das Bedienen der Passagiere, während andere nur die Zeit abarbeiten, weil sie nicht wissen, was sie sonst tun sollten.

Unter den Passagieren an Bord werden Sie wahrscheinlich Menschen finden, die zu Hochzeiten, Begräbnissen, Graduierungen oder in den Urlaub wollen, umziehen oder andere Motive haben. Es werden Menschen an Bord sein, für die dieser Flug ein unvergessenes Ereignis sein wird, weil sie zu einem einmaligen Erlebnis gebracht werden. Und neben Ihnen sitzt vielleicht ein müder, gelangweilter Geschäftsmann, der diese Woche schon seinen vierten oder fünften Flug absolviert.

Ich habe Menschen getroffen, die glaubten, dass Geld ihre Motivation ist. Aber die Wahrheit ist, dass sie von der *Vorstellung*, was Geld in ihrem Leben bewirken kann, motiviert werden. Geld ist ein schlechter Motivator, außer es ist verbunden mit einer Vision, was das Geld für Sie tun kann. Einige der traurigsten Menschen, die ich kenne, versuchen jeden Monat, ihrem Kontostand weitere Nullen hinzuzufügen. Wenn das Streben nach Geld nicht mit Studiengebühren, einem bequemen Ruhestand, aufregenden Reisen, philanthropischen Geschenken, finanzieller Sicherheit oder anderen wichtigen Verwendungszwecken verbunden ist, dann ist das Streben nach Geld das Zeichen einer Krankheit namens MEHR.

Wenn alles, was Sie wollen, Geld ist, aber Sie keine signifikante Verwendung für das Geld haben, dann sind Sie wie der Mann, der versucht, Sprit in den bereits vollen Tank eines Autos ohne Ziel zu füllen. Das Fahrzeug und der Sprit sind nutzlos, wenn Sie nicht ein persönliches Ziel haben. Ein schöneres Fahrzeug und mehr Sprit lösen diese Herausforderung nicht. Sie müssen dieses persönliche Ziel finden, das Sie auf eine lebenslange Mission voller Leidenschaft schickt. Dann erst werden Sie die *Ultimative Produktivität* erreicht haben.

> **„Warum machen Sie in Ihrem Leben das, was sie gerade tun?“ Wenn die Antwort auf diese Frage für Sie und die Menschen um Sie herum nicht motivierend ist, dann sollten Sie sich eine andere Aufgabe suchen – ganz schnell.**

Es ist schwer sich vorzustellen, dass Geld eine Motivation für manche Menschen sein kann. Ich bin stolz darauf sagen zu können, dass ich Steve Forbes zu meinen Freunden zählen darf. Er ist ein respektierter Kollege und ein wertvolles Vorbild und ein Mutmacher für mich. Ich kann mir nicht vorstellen, dass Steve Forbes von Geld motiviert wird, außer als Maßeinheit, um seinen eigenen Fortschritt und den seines Teams zu messen und zu verbessern.

Steve Forbes wurde mit mehr Geld geboren, als die meisten von uns jemals haben werden oder sich vorstellen können. Einer der Gründe, warum ich ihn so bewundere, ist die Tatsache, dass er erkannt hat, dass es seine Rolle in dieser Welt ist, seinen Kollegen und Kunden zu dienen und für sie von Nutzen zu sein. Er weiß, dass das Ergebnis dieses Dienstes und des Mehrwerts im Leben anderer letztendlich auch bedeuten wird, dass er und die um ihn herum dadurch auch Geld verdienen werden. Aber das Geld an sich ist kein Motivator – nur das, was es bewirken kann oder was es repräsentiert.

Die meisten Menschen, einzeln oder als Gemeinschaft, machen den Fehler, dass sie jede Aufgabe oder Anforderung als eine Reihe von Fragen betrachten. Sie stellen sich folgende Fragen: Was machen wir, wo machen wir es, mit wem machen wir es, wie machen wir es und wann beginnen wir damit? Das sind alles wichtige Fragen, die sehr bald beantwortet werden sollten. Aber das Wichtigste ist zuerst der Motivationsteil: **„Warum machen wir es?“** Wenn die Antwort auf diese Frage für Sie und die Menschen um Sie herum nicht motivierend ist, dann sollten Sie sich eine andere Aufgabe suchen.

NOTIZEN:

KAPITEL ZEHN

WAHRE MOTIVATIONSWUNDER

Meine Berufskarriere als Makler begann ich in einem New-York-Stock-Exchange-Partnerunternehmen. Ich hatte mein eigenes Büro in einer relativ kleinen Stadt, und ich hatte die Möglichkeit, unabhängig zu arbeiten, als ob ich selbstständig sei. In dieser Branche wurden in den 80ern enorm große Anreize von den Wertpapierfonds, Versicherungen und großen Vermittlungsgesellschaften geschaffen, um Menschen wie mich anzuspornen ihre Anlageprodukte und Dienstleistungen zu vermarkten.

Alle paar Tage bekam ich eine neue Chance, eine Reise, ein Auto, eine Kreuzfahrt oder alle möglichen anderen Dinge zu gewinnen, nur um meine Aufmerksamkeit und die meiner Kollegen im ganzen Land zu erhalten. Das war lange, bevor das Internet die Investment- und Finanzwelt revolutionierte. Fast alle meiner wichtigen Informationen wurden von einem großen, lauten und temperamentvollen Gerät ausgedruckt, das wir „Nacht-Telegramm“ nannten.

Jeden Morgen, wenn ich mein Büro betrat, lag ein Ausdruck auf dem Boden, der oft neun bis zwölf Meter lang war. Dieses Papier gab Maklern im ganzen Land Auskunft darüber, welche neuen Aktien und Anleihen, Wettbewerbe oder Angebote verfügbar waren, und informierte uns auch immer über die Verkaufszahlen der anderen Makler. Es war faszinierend zu beobachten, wessen Maklers Verkaufszahlen zu welchen Zeiten gestiegen sind.

Ich fand es lustig, wie Bill oder Fred Millionen von Dollar an Öl- oder Gasbeteiligungen verkauften, nur um eine – wie ich dachte – dumme Reise nach Chicago zu gewinnen. Innerlich machte ich mich darüber lustig und dachte, dass sie mit einem Bruchteil ihrer Provisionen, die sie an diesen Geschäften verdienten, die ganze Welt bereisen konnten. Aber irgendwie war es eine Reise nach Chicago, die sie motiviert hatte. Was mich selbst betraf, ging ich davon aus, dass ich nicht anfällig für solch kitschige und kommerzielle Motivationstaktiken sei.

Doch eines Morgens, als ich aufmerksam das „Nacht-Telegramm" durchging, wurde angekündigt, dass jeder Makler, der mehrere Millionen Dollar einer neuen Anleihe verkauft, sechs erstklassige Steaks, verpackt in Trockeneis, und eine Flasche französischen Champagner erhalten würde.

Am Ende des nächsten Tages hatte ich alle meine persönlichen Verkaufsrekorde gebrochen, so wie auch die meisten Rekorde der ganzen Firma. Erst danach wurde mir bewusst, dass ich mich über die anderen Makler lustig gemacht hatte, weil sie sich von einem Wettbewerb fangen ließen, und es mich selbst jetzt auch erwischt hatte, nur noch viel schlimmer. Ich bekam keine Reise nach Chicago oder an einen anderen Ort, sondern lediglich eine Schachtel mit gefrorenem Fleisch und eine mit Kohlensäure versetzte Flasche Alkohol.

Durch dieses Ereignis erkannte ich, dass Motivation eine der individuellsten und persönlichsten menschlichen Züge ist. Wir verschwenden Unmengen an Zeit und Geld, um zu überwachen, was andere Menschen tun, investieren aber nur sehr wenig Kapazität und Energie dafür, herauszufinden, *warum* Sie etwas machen.

Wenn der Geschäftsführer meiner Firma mich angerufen und gefragt hätte, ob ich begeistert von der Möglichkeit wäre, eine Reise nach Chicago zu gewinnen, hätte ich sofort mit „Na klar!" geantwortet. Aber in den darauffolgenden Tagen hätte ich wahrscheinlich nicht mehr als gewöhnlich getan. In der Tat wäre ich sogar mit großer Wahrscheinlichkeit demotiviert gewesen, weil ich ständig daran hätte denken müssen, wie absurd es ist, mir wegen einer Reise – an der ich gar kein Interesse hatte – gesteigerte Mühe zu geben oder mich besonders anzustrengen.

Auf der anderen Seite wunderten sich in der folgenden Woche Makler in ganz Amerika, warum in aller Welt ich Rekorde brach, nur um ein Paket Fleisch und Champagner zu gewinnen. Etwas, wofür sie selbst nicht mal die Straße überqueren würden, auch wenn es kostenlos wäre.

Aus diesem Grund habe ich mich sehr lange und auch gemeinsam mit anderen Menschen, die sich professionell mit dem Thema Motivation beschäftigen, intensiv mit diesem Thema auseinandergesetzt. Denn es ist sehr wichtig, dass Menschen herausfinden, was ihre eigenen Motivationsfaktoren sind und was die Personen um sie herum motiviert. Machen Sie sich daher unbedingt auf die Suche, dies herauszufinden!

Denken Sie daran, ehrliche Menschen werden Sie selten, wenn überhaupt, anlügen, aber genauso werden sie selten ihre tiefsten, geheimnisvollsten und echten Gefühle mit Ihnen teilen – vorausgesetzt, sie verstehen ihre Emotionen überhaupt selbst.

Denken Sie daran, ehrliche Menschen werden Sie selten, wenn überhaupt, anlügen, aber genauso werden sie selten ihre tiefsten, geheimnisvollsten und echten Gefühle mit Ihnen teilen – vorausgesetzt, sie verstehen ihre Emotionen überhaupt selbst.

Ich habe einen Freund und Kollegen, der viele Jahre ein Milliardenunternehmen mit Tausenden Mitarbeitern leitete. Er wurde berühmt dafür, dass er mit seinen Mitarbeitern eine jährliche Firmenreise unternahm. Einmal im Jahr erhielt jeder Mitarbeiter, vom Hausmeister bis zum Geschäftsführer, eine All-inclusive-Firmenreise für zwei Personen. Ob ein Mitarbeiter zehn Jahre oder zehn Minuten bei der Firma beschäftigt war, es wurden alle gleich behandelt. Jeder bekam die kostenlose Reise.

Jedes Jahr waren ihm die Schlagzeilen sicher, als vier oder fünf Boeing 747 einflogen und alle Mitarbeiter meines

Freundes und deren Gäste auf die bezahlten Reisen nach Las Vegas, Disney World und zu anderen aufregenden Reisezielen mitnahmen.

Ich kann mich noch an ein sehr aufschlussreiches Frühstück mit diesem Freund erinnern, weil ich ihn damals fragte, wie sich seine Firma einen solchen Luxus leisten konnte. Er erklärte mir, dass die Reise etwa $1000 pro Jahr für jeden Mitarbeiter kosten würde und er daher einfach $20 pro Woche für jedes Mitglied seiner Belegschaft budgetiert hatte.

Als ich begann, die Tragweite dieser Art von Motivation im Vergleich zu den Kosten zu verstehen, war ich verblüfft. Stellen Sie sich einmal vor, dass mein Freund seinen Mitarbeitern anstatt der All-inclusive-Reise für zwei Personen an einen wundervollen Ort eine Gehaltserhöhung um $20 pro Woche geben würde. Sofern sie diese Summe überhaupt registrieren würden, wären $20 wahrscheinlich sogar eher demotivierend. Denn $20 als *Anerkennung* klingen nach einer lächerlichen Summe für all die harte Arbeit, die sie erbringen.

Demgegenüber waren die Mitarbeiter meines Freundes hoch motiviert, loyal und sehr stolz, für genau dieses Unternehmen zu arbeiten, das hohes Ansehen in der Gesellschaft genoss, auch weil alle wussten, dass jeder Mitarbeiter jedes Jahr eine kostenlose Reise bekam.

Es ist wichtig zu verstehen, dass Sie nicht notwendigerweise mehr Geld, Energie oder Zeit investieren müssen, um mehr Motivation in Ihrem Leben und dem der Menschen um Sie herum zu schaffen. Stattdessen ist es Ihre Aufgabe, die individuellen und gemeinsamen motivierenden Faktoren zu finden und dann genau diese Knöpfe zu drücken.

Mitte der 90er-Jahre wurde ich eingeladen, eine der besten und erfolgreichsten Internetfirmen der damaligen Zeit zu besuchen. Sie hatten explosionsartigen Erfolg, und ihre größte Herausforderung war es, qualifizierte Mitarbeiter anzuziehen und zu halten, um all die Aufträge, die an Land gezogen wurden, zu erfüllen. Diese Firma hatte enorme Barreserven zur Verfügung, eine Gewinnprognose, um die sie jedes Unternehmen beneiden würde, und ein unglaublich positives Potenzial für die Zukunft.

Ich folgte der besonderen Einladung und erwartete ein palastartiges Büro mit vornehmer Ausstattung und modernster Technik. Aber als mein Assistent und ich in die Eingangshalle eskortiert wurden, wurden wir von einem Mann Mitte zwanzig, der in Bermudahosen, Trägerhemd und barfuß sehr schnell mit seinem Skateboard unterwegs war, fast angefahren. Ich war schockiert, als ich feststellte, dass mein Gastgeber, der mir das Unternehmen zeigte, dieses ungewöhnliche Verhalten innerhalb des Firmengeländes nicht zu bemerken schien.

Dann wurden wir in einen großen Bereich geführt, in dem die Computerprogrammierer arbeiteten. Wir entdeckten Basketballkörbe, ein Volleyballnetz und ein Trampolin in der Mitte des Großraumbüros, das eher wie ein Studentenwohnheim dekoriert war als wie das traditionelle Büro eines großen Unternehmens. Man hörte laute Musik, Snacks waren überall im

Arbeitsbereich frei verfügbar, und ich erhielt eine herzliche Einladung, an der „Bier Party", die jeden Freitag stattfand, teilzunehmen.

Wenn es darum geht, sich selbst und die Menschen um sich herum zu motivieren, wird man schnell Folgendes feststellen: Einige wenige Menschen bewegen etwas, ein paar mehr beobachten, wie etwas passiert, und die große Mehrheit bemerkt gar nicht, dass etwas passiert.

Ich fühlte mich ein bisschen wie Alice im Wunderland, auf einer Reise durch eine Welt, die mir nicht bekannt war. Also stimmte ich, ohne groß nachzudenken, zu, an dieser „Bier Party" teilzunehmen.

Anscheinend stellte diese erfolgreiche Firma jeden Freitagnachmittag Bierfässer, organisierte eine Band und veranstaltete eine Feier, die mehr einer Studentenparty glich als – so wie ich zuerst dachte – einer Firmenfeier. Als ich dem Geschäftsführer gerade sagen wollte, dass ich nicht verstand, was hier los ist, dämmerte es mir: Ich verstand einfach nicht, was seine Leute motivierte. Später erfuhr ich, dass diese Firma mehr produktive Stunden und letztendlich auch Gewinn aus ihren Mitarbeitern herausholte als jede andere Firma in ihrer Branche.

Im Bereich der Buchhaltung oder in der Finanzbranche würde diese Art des Arbeitens wahrscheinlich sofortiges Scheitern bedeuten, aber zu jener Zeit war dies ein absolutes Erfolgsrezept in der explodierenden Welt der Technologie.

Als ich den Geschäftsführer fragte, wie um alles in der Welt er auf diesen Plan für seine Mitarbeiter gekommen war, lachte er und gab mir eine Antwort, die zur Geburtsstunde der *Ultimativen Produktivität* wurde. Er sagte: **„Ich fragte sie."**

Wenn es darum geht, sich selbst und die Menschen um sich herum zu motivieren, wird man schnell Folgendes feststellen: Einige wenige Menschen bewegen etwas, ein paar mehr beobachten, wie etwas passiert, und die große Mehrheit bemerkt gar nicht, dass etwas passiert.

Ich bin mir ziemlich sicher, dass Sie in Ihrem persönlichen und beruflichen Leben sehr beschäftigt sind. Wir haben nur vierundzwanzig Stunden jeden Tag und schaffen es, jede Einzelne zu füllen. Wie ich, haben Sie sicherlich auch eine To-do-Liste. Jeder Tag ist wahrscheinlich durchgeplant und bis oben hin ausgefüllt. An manchen Tagen müssen wir sogar einige Dinge auf die morgige Liste verschieben.

Stellen wir uns vor, Sie kommen an einem typischen Montagmorgen ins Büro und betrachten alles, was Sie bis Freitagabend erledigen müssen. Sie fragen sich wahrscheinlich, ob Sie oder sonst jemand all diese Dinge überhaupt in fünf kurzen Arbeitstagen schaffen kann.

Sagen wir, dass Ihr Chef hereinkommt, Ihre Liste mit Ihnen durchgeht und auch alle Listen der Kollegen, mit denen Sie arbeiten. Gehen wir weiter davon aus, dass er, nachdem er alle Terminkalender überprüft hat, sagt: „Ich möchte, dass jeder alle seine Aktivitäten bis Mittwochmittag erledigt hat, ansonsten werden Sie Konsequenzen spüren."

Sie können sich sicher vorstellen, dass Millisekunden, nachdem Ihr Chef das Büro verlassen hat, sich Klagen, Zähneknirschen und totale Empörung aufgrund der absurden und unmenschlichen Forderungen des Chefs an Sie und Ihre Kollegen breitmachen würden. Alle Betroffenen würden wahrscheinlich den Tiefpunkt an Motivation erreichen. Es ist nicht schwer, sich vorzustellen, dass viele Menschen gedanklich ihr Kündigungsschreiben formulieren würden und sich Gedanken über einen Arbeitsplatzwechsel machen würden.

Stellen Sie sich nun vor, dass der Chef zurückkommt und in der Mitte dieses Motivationslochs, das er gerade geschaffen hatte, verkündet: „Es tut mir leid! Ich vergaß ein kleines Detail, als ich Ihnen sagte, dass ich möchte, dass Ihre ganze Wochenarbeit bis Mittwochmittag fertiggestellt sein muss oder Sie Konsequenzen erwarten. Die Konsequenz, wenn Sie die Arbeit nicht in der halben Zeit fertigstellen, ist, dass Sie das Schiff verpassen werden – ein Kreuzfahrtschiff, das Sie und Ihre Familie und alle Mitarbeiter dieser Firma, die ihre Wochenarbeit schaffen, auf eine All-inclusive-Luxuskreuzfahrt mitnehmen wird."

Wenn nun unser erfundener Chef zum zweiten Mal den Raum verlässt, bin ich mir ziemlich sicher, dass wir ein anderes Umfeld und ein stark verändertes Motivationsklima vorfinden würden. Eigentlich hat sich nichts verändert zwischen dem, was möglicherweise der *schlimmste* Moment in der Firmengeschichte gewesen wäre, und dem, was der *beste* Moment wäre – außer der Motivation und der Tatsache, dass sie kommuniziert wurde.

Die Resultate wären nicht möglich ohne Motivation, aber Motivation existiert nicht ohne Kommunikation.

NOTIZEN:

KAPITEL ELF

DER KOMMUNIKATIONS-WIDERSPRUCH

Wir leben im Informationszeitalter, aber es ist sicherlich nicht das Kommunikationszeitalter. Viele Menschen nehmen fälschlicherweise an, dass eine präzise und vollständige Kommunikation möglich wird, wenn sie nur daran arbeiten, mehr Informationen, Details und Daten zu erhalten. In der wirklichen Welt der Kommunikation ist es aber so: Je weniger Sie sagen und trotzdem Ihre Botschaft transportieren, desto besser!

Es hat einen Grund, warum es in den meisten Regionen der USA gesetzlich verboten ist, in einem vollen Gebäude das Wort „Feuer!" zu rufen. Es ist nur ein einfaches Wort – weder obszön noch erniedrigend oder abwertend. Aber der Grund, warum es verboten ist, „Feuer!" zu rufen, ist, dass dieses *eine* Wort sofort alle Details einer Situation kommuniziert, bei der die Menschen nicht nur unverzüglich, sondern auch chaotisch handeln.

Vergessen Sie nicht: Nur weil Sie reden und jemand zuhört, bedeutet das noch nicht, dass Sie kommunizieren. Kommunikation ist der Prozess, Gedanken, Ideen und Konzepte von Ihrer eigenen

Gedankenwelt in die eines anderen zu transportieren. Sprache, Schrift, Skizzen und Daten sind alles Werkzeuge, um diesen Transfer zu unterstützen, aber sie können auch im Wege stehen.

Je weniger Sie sagen und trotzdem Ihre Botschaft transportieren, desto besser!

Wenn ich Ihnen sagen würde, dass wir heute einen sehr heißen Tag hatten, dann drücke ich das so aus, weil im Speicher meines Gehirns das Gefühl, das ich habe, wenn ich nach draußen gehe, als heiß kategorisiert ist. Wenn ich diese Worte zu Ihnen sage, dann scannt Ihr Gehirn den Speicher Ihrer bisherigen Erfahrungen, und Sie erhalten ein Gefühl, das übereinstimmt mit dem, was *Sie* als einen heißen Tag kategorisiert haben. Wenn ich in einer tropischen Region lebe und Sie in Alaska, dann kommuniziere ich Ihnen vielleicht, dass es ein heißer Tag ist, und Sie hören, was ich Ihnen sage. Aber die bisherigen Erfahrungen können so unterschiedlich sein, dass das, was ich sage, und das, was Sie hören, zwei komplett unterschiedliche Dinge sind.

Zusätzlich zur Kommunikationshürde, die durch Erfahrungen verursacht wird, gibt es auch Kommunikationshürden, die durch Übermittlungsprobleme verursacht werden. Fast jeder von uns hatte schon das Erlebnis, mit einem Mobiltelefon zu telefonieren, ein tolles Gespräch zu führen und dann plötzlich, von einer Sekunde zur anderen, verändert sich die Stimme des Gesprächpartners in die eines metallisch klingenden Außerirdischen.

Wir alle senden und empfangen Kommunikation auf verschiedene Arten. Jeder Einzelne hat eine Methode oder ein System, mit dem er hervorragend kommuniziert, aber wir haben auch Bereiche, in denen wir schlechte Kommunikatoren sind. Wenn Sie auf Ihren selbst definierten Erfolg im Rahmen der *Ultimativen Produktivität* zugehen, werden Sie eine Reihe von Menschen in Ihre Mission mit einbeziehen. Ihre Herausforderung wird dabei sein, Kommunikation zu maximieren und Fehlkommunikation, unvollständige Kommunikation und falsche Kommunikation zu vermeiden.

Vergessen Sie nicht: Nur weil man redet und jemand zuhört, bedeutet das noch nicht, dass man kommuniziert. Kommunikation ist der Prozess, Gedanken, Ideen und Konzepte von Ihrer eigenen Gedankenwelt in die eines anderen zu transportieren.

Im Rahmen meiner Tätigkeit reise ich jedes Jahr sehr viel. Dadurch übernachte ich in vielen verschiedenen Hotels, sowohl in den USA als auch auf der ganzen Welt. Als Blinder kann das sehr herausfordernd sein, da Hotelzimmer stets unterschiedlich eingerichtet sind und ich mich in jeder Stadt an ein neues Umfeld gewöhnen muss.

Wenn ich zurück ins Hotelzimmer komme, dann rufe ich in der Regel die Rezeption an, um zu sehen, ob es Nachrichten für mich gibt. Normalerweise funktioniert das. Aber einmal ließ mich die Dame an der Rezeption nach meiner Frage, ob ich neue Nachrichten hätte, wissen, dass eine Lampe am Telefon blinken würde, wenn ich welche hätte. Ich erklärte ihr, dass für mich als Blinden dieses Lämpchen nicht sehr effektiv sei. Nach dem Telefonat zeigte sie zwar Initiative, aber auch schlechtes Einschätzungsvermögen. Von diesem Zeitpunkt an wurde ich über neue Nachrichten in Form von Notizzetteln informiert, die sie mir vom Portier unter der Tür ins Zimmer schieben ließ. Unglücklicherweise kann ein Blinder, genauso wie er keine Lämpchen sehen kann, auch keine Notizzettel lesen.

Die Hotelangestellte hatte ernsthaften Einsatz gezeigt, mit mir zu kommunizieren, und sogar die Dienste des Portiers in Anspruch genommen, um mir meine Gesprächsnotizen ins Zimmer bringen zu lassen, aber letztendlich kommunizierten wir nicht mehr als zuvor.

So gefährlich es ist, nicht zu kommunizieren, es kann sogar noch gefährlicher sein, zu vermuten, dass man akkurat kommuniziert hat. Nämlich dann, wenn die Nachricht gar nicht oder in einer Weise, die man nicht beabsichtigte, ankommt.

So gefährlich es ist, nicht zu kommunizieren, es kann sogar noch gefährlicher sein, zu vermuten, dass man akkurat kommuniziert hat. Nämlich dann, wenn die Nachricht gar nicht oder in einer Weise, die man nicht beabsichtigte, ankommt.

Je größer Ihre eigene Vision von Erfolg ist, mit umso mehr Menschen müssen Sie kommunizieren. Als ich mein Buch „Das ultimative Geschenk" schrieb, ging ich genauso vor wie bei diesem Buch in Ihren Händen – ich diktierte die Worte meiner talentierten Dorothy Thompson. Die Worte fließen irgendwie aus meinem Gehirn, ich spreche sie laut für Dorothy aus, und sie vollzieht ihre Künste in Rechtschreibung und Zeichensetzung, um daraus ein Buchmanuskript zu schaffen. Dieser Prozess involviert zwei Personen.

Als aber „Das ultimative Geschenk" verfilmt wurde, waren die Talente und Anstrengungen von Hunderten Menschen notwendig, um die gleiche Geschichte zu erzählen. Je mehr Menschen in ein Projekt involviert sind, desto entscheidender wird Kommunikation.

Wenn es nur um Dorothy und mich geht, dann gibt es nur eine Kommunikationslinie – eine Person, die empfängt, und nur eine Person, die mir bestätigen kann, dass die Kommunikation richtig angekommen ist. Wenn es allerdings um ein so großes Unternehmen wie eine Filmproduktionsfirma geht, dann ist es unerlässlich, mehrere Ebenen der Kommunikation einzuziehen. Diese Ebenen sind wichtig, können aber auch gefährlich sein. Jedes Mal, wenn eine Nachricht gesendet und empfangen und dann weitergegeben wird, besteht die Gefahr, dass die Nachricht abgeschwächt oder verzerrt wird.

Erinnern Sie sich noch an das Spiel „Stille Post", das man früher in der Schule gespielt hat? Alle Kinder setzen sich in einen Kreis, und eine Nachricht wird in das Ohr der ersten Person geflüstert. Dieses Kind flüstert seinem Sitznachbarn die Nachricht zu, dann wird die Nachricht an das dritte Kind weitergegeben, und so weiter. Es ist immer wieder erstaunlich wie sich eine Nachricht verändert und ungenau wird, wenn sie von dreißig Personen gesendet, gefiltert, empfangen und wiedergegeben wird. Die einfache Nachricht „Wir fuhren in den Sommerferien im BMW meines Vaters zu meiner Großmutter, die mit uns den Zoo besuchte“ kann sich nach der dreißigsten Person in „Meine Großmutter lebt im Zoo, und mein Vater fährt Rennen für BMW“ verwandelt haben.

Das klingt wie das absurde Beispiel eines Kinderspiels, das einfach schiefgegangen ist. Aber haben Sie jemals Ihr Gepäck bei einem Mitarbeiter einer Fluglinie aufgegeben und klar gesagt, dass Sie nach Miami fliegen, nur um später zu erfahren, dass Ihr Gepäck irgendwie in New York angekommen ist? Eines ist klar: Es sind nicht nur Schulkinder, die Herausforderungen bei der Kommunikation haben.

Je mehr Menschen in Ihr Team involviert sind, desto mehr Potenzial gibt es. Sie haben das Potenzial für fantastische Produktivität – oder unglaubliches Chaos. Also ist es wichtig beim Aufbau Ihres Teams, dass Sie die Maximierung von Motivation, Kommunikation und Implementation immer im Blick haben, damit Sie Ihr persönliches Erfolgsziel erreichen.

Viele Menschen, die glauben, dass sie im Management sind, befinden sich stattdessen in einer Leadership-Rolle. Sie können Projekte managen, eine Aufgabe managen, Geld managen und

Ressourcen managen, aber Menschen kann man nur führen. Menschen müssen motiviert werden, sie müssen Kommunikation senden und empfangen, und dann sind sie in der Lage, die Mission zu implementieren, die ihnen hilft, ihre Definition von Erfolg zu erreichen. Großartige Manager sind diejenigen, die es schaffen, großartige Menschen anzuziehen und zu halten. Diese Leader verstehen es, dass jeder Einzelne im Team anders ist und dass man mit jedem auf eine andere Art und Weise kommunizieren muss.

Stellen wir uns vor, dass sich Ihre Familie gerade aufgrund einer Sturmwarnung auf ein mögliches schweres Unwetter vorbereitet. Sie suchen Wasserflaschen, Taschenlampen, Radios und andere nützliche Gegenstände zusammen. Aber nachdem Sie Proviant und Werkzeuge gesammelt haben, müssen Sie jedem Familienmitglied noch genau kommunizieren, wo jeder Einzelne im Falle eines Sturms Schutz sucht.

Ihr Lebenspartner ist vielleicht dreiundvierzig Jahre alt, und hier ist Kommunikation einfach: „Wenn es ein schweres Unwetter gibt, dann treffen wir uns im Keller." Ihre Nachricht wurde mit einer hohen Erfolgswahrscheinlichkeit gesandt und empfangen. Wenn Sie allerdings versuchen, in derselben Art und Weise mit der vierjährigen Amy zu kommunizieren, dann können einige Herausforderungen auftreten.

Amy versteht vielleicht, was ein Sturm ist und wie man sagen kann, ob einer auftritt – es kann aber genauso gut sein, dass sie es nicht versteht. Es kann auch sein, dass sie den Unterschied zwischen einem Sturm und einem leichten Frühlingsregen nicht kennt. In einer Notsituation weiß man nicht, ob sie sich noch erinnern kann, wie sie in den Keller gelangt und wie man dort die Tür entriegelt. Und dann kann es noch passieren, dass Amy nach zwanzig oder dreißig Minuten die Kommunikation zwischen Ihnen und ihr vergessen hat. Vielleicht wird Amy verwirrt, beim Versuch die Anweisungen für Sturm und Feuer auseinanderzuhalten. Bei Feuer wäre es zum Beispiel viel besser, aus dem Haus zu laufen und sich bei der Lampe an der Straßenecke zu treffen. Ohne akkurater, konstanter und kompletter Kommunikation ist Amy vielleicht in Gefahr, weil sie während eines Sturmes an der Straßenecke stehen oder bei einem Feuer im Keller Zuflucht suchen würde.

Mangel an Kommunikation kann frustrierend und lästig sein, aber auch teuer, gefährlich und verheerend.

Für jeden Leader, der die Aufgabe hat, die Elemente einer Mission an sein erfolgsorientiertes Team weiterzugeben, gehört es mit zu den größten Herausforderungen, herauszufinden, wie viel man vom großen Gesamtbild kommuniziert.

Viele Jahre wurde in der Konzernwelt allgemein angenommen, dass man den Mitarbeitern nur so viel preisgeben sollte, wie sie für die Erfüllung ihrer aktuellen Aufgabe benötigen. Aber dieses Verhalten ist unproduktiv, wenn nicht sogar gefährlich.

Kommunikation ist die Verbindung zwischen Motivation und Implementation. Oft können Menschen nicht motiviert werden oder ihre Mission erfolgreich implementieren, wenn ihnen nicht das große Gesamtbild kommuniziert wird.

Während meiner Studienzeit habe ich jeden Sommer als Hilfsarbeiter auf einer Baustelle gearbeitet. Ich war motiviert, gute Arbeit zu leisten, und wollte meinen Kollegen, die älter und als Bauarbeiter ausgebildet waren, beweisen, dass ich als Hilfsarbeiter auch meinen Teil dazu beitragen konnte.

In meiner ersten Woche auf der Baustelle führte mich der Vorarbeiter zu einem Stapel Baustahl und zeigte mir, wie der Kranhaken am Stahl befestigt werden musste. Dann deutete er auf den großen Kran auf der anderen Seite des 30-stöckigen Gebäudes und sagte mir, dass ich den Haken des Krans am Stahl befestigen sollte, damit er zur Spitze des Gebäudes gehoben werden konnte, wenn der Kranführer seinen großen Ausleger zu mir lenken würde.

Der Vorarbeiter kommunizierte effektiv mit mir und wandte dabei einige gute Kommunikationstechniken an. Er gab mir verbale Anweisungen, führte selbst vor, wie man die Aufgabe erfüllt, beobachtete mich, wie ich die Aufgabe ausführte, bat mich, es ihm nochmals in meinen eigenen Worten zu erklären, und beantwortete alle meine Fragen.

Überzeugt, dass ich jetzt alles verstanden hatte, um die Aufgabe auszuführen, begann ich mit den besten Absichten, meine Arbeit sofort und professionell auszuführen. Ich stand da und wartete, bis der Kran sich zu mir bewegen würde. Stunden vergingen, und der Kran befand sich immer noch auf der anderen Seite des Gebäudes und hievte dort Material nach oben. Ich wartete noch bis Feierabend und war mir nicht sicher, ob ich Überstunden machen sollte oder nach Hause gehen konnte. Also wartete ich, so wie ich angewiesen worden war, bis der Kran in meine Richtung kommen würde. Nachdem es endlich dunkel und der Kran für die Nacht stillgelegt worden war, ging ich nach Hause.

Am nächsten Morgen nahm ich wieder meine Position neben dem Baustahl ein und wartete, so wie mir erklärt worden war, bis der Kran in meine Richtung kommen würde. Das Warten dauerte einen zweiten und auch noch einen dritten Tag.

Schließlich, am Morgen des vierten Tages, war ich frustriert, verwirrt und ärgerlich. Ich konfrontierte meinen Vorarbeiter und fragte: „Wollen Sie, dass ich hier arbeite, oder nicht?“ Ich fuhr fort und sagte: „Ich warte hier Tag für Tag, versuche das zu tun, was Sie mir aufgetragen haben, und verschwende dabei die Zeit und das Geld der Firma.“

Dann erst kommunizierte mir der Vorarbeiter das große Gesamtbild. Er erklärte mir, dass der Kran Tausende Dollar am Tag kostete, und ich kostete im Vergleich zum Kran praktisch nichts. Selbst wenn ich Tage oder Wochen hätte warten müssen, wäre das kein Problem gewesen. Das einzige Problem wäre, wenn der Kran sich zu mir bewegt hätte und ich nicht fertig wäre, um den Stahl sofort festzumachen, damit dieser zur Spitze des Gebäudes gehoben werden konnte. Er fuhr fort und schilderte mir, dass er eine zuverlässige Person brauchte, die zu jeder Zeit einsatzbereit ist, um nicht eine Minute von der kostspieligen Zeit des Kranes zu verschwenden.

Als der Vorarbeiter mich zurückließ, stand ich immer noch da und wartete auf den Kran, aber meine Perspektive der Mission und meine persönliche Definition von Erfolg in Bezug auf meine Aufgabe hatten sich komplett verändert. Obwohl der Vorarbeiter zu Beginn gut kommuniziert und akkurat die Elemente meiner Aufgabe erklärt hatte, schloss seine limitierte Kommunikation nicht die Brücke zwischen Motivation und Implementation. Bis ich das große Gesamtbild verstand, hatte mich das lange Warten auf den Kran alle Motivation verlieren lassen und hätte potenziell auch die Effektivität meiner Implementation beeinflussen können.

Kommunikation bedeutet nicht nur, zu transportieren, was man will oder wie es zu tun ist. Es beinhaltet auch, wann, wo, mit wem und – das am öftesten fehlende Element der *Ultimativen Produktivität* – *warum* man es tut. Wenn Sie den Mitgliedern Ihres Teams sagen wollen, was sie wissen müssen, dann müssen sie verstehen können, wie der Erfolg aussieht, was das gesamte Ausmaß der Mission von hier nach dort ist und wie wichtig ihre Rolle für das Gelingen der Mission ist.

NOTIZEN:

KAPITEL ZWÖLF

KOMMUNIKATION: IHRE BOTSCHAFT INDIVIDUELL ANPASSEN

Eine der wichtigsten Informationen, die Sie und ich besitzen, ist unser Name. Jeder von uns hatte bestimmt schon einmal das peinliche Erlebnis, im beruflichen oder persönlichen Umfeld einer sehr wichtigen Person vorgestellt worden zu sein und nur drei Minuten später den Namen der Person wieder vergessen zu haben. Selbstverständlich wollen wir den Namen der Person wissen, und es ist ein wichtiger Bestandteil in Sachen Höflichkeit und Respekt, andere bei ihrem Namen zu nennen; dennoch, nachdem wir gerade eben erst den Namen eines gemeinsamen Freundes oder Bekannten erfahren haben, wissen wir ihn oftmals nicht mehr.

Kommunikation findet nur statt, wenn Informationen verlässlich und korrekt übermittelt werden. Offensichtlich hat im Falle unserer gescheiterten Vorstellung echte Kommunikation nicht stattgefunden.

Nehmen wir an, Sie wollen dieses Problem lösen und geben dafür bei der nächsten Veranstaltung allen Teilnehmern ein

Namensschild. Aufgrund dessen gehen Sie vielleicht davon aus, dass Sie dadurch die Herausforderung, den Namen einer Person, die Sie gerade kennengelernt haben, zu vergessen, permanent gelöst haben.

Obwohl Sie glauben, eine narrensichere Lösung gefunden zu haben, so haben Sie sowohl für mich und andere blinde und sehbehinderte Menschen als auch für Millionen von Menschen, die nicht unsere westliche Schrift lesen können, nach wie vor keine effektive und verlässliche Kommunikationsweise gefunden.

In meinem Bürogebäude bei „Narrative Television Network" haben wir die Büros in einem Stockwerk und die Studios im Stockwerk darunter. Angrenzend an die Studios habe ich einen privaten Fitnessraum. Mehrmals am Tag verlasse ich mein Büro und gehe nach unten. Über ein Funkgerät bleibe ich in Kontakt. Mein Funkgerät hat zweiundzwanzig Kanäle. Obwohl das eine sehr effektive Form der Kommunikation ist, funktioniert es nur, wenn ich auf dem richtigen Kanal bin. Wenn mein Büro auf einem Kanal sendet, ich aber auf einem anderen Kanal empfange, dann wird absolut keine Kommunikation stattfinden.

Egal wie motiviert mein Team versucht, mit mir in Kontakt zu treten, und egal wie sehr es unsere Mission umsetzen will, es ist Realität, dass unser Streben nach *Ultimativer Produktivität* ins Stocken gerät, wenn wir nur einen Kanal danebenliegen.

Während unser Funkgerät zweiundzwanzig Einstellungen hat, so haben wir Menschen noch weitaus mehr Optionen. Als wir bezüglich der *Ultimativen Produktivität* mit Firmen, Investoren und

Selbstständigen zusammenarbeiteten, um ihnen dabei zu helfen, ihre eigene Methode zu bestimmen, um *Ultimative Produktivität* zu erreichen, fanden wir heraus, dass die meisten Unterbrechungen im Bereich der Kommunikation entstehen.

Sie können nicht zu einem Leader werden, einfach nur, weil Sie es sagen oder sich dazu entscheiden. Den Titel und die Position eines Leaders muss man sich verdienen. Das Recht, ein Leader zu sein, verlangt zuerst danach, dass Sie Eigenschaften besitzen, die andere anstreben; aber bis Sie diese Eigenschaften nicht kommunizieren und demonstrieren können, sodass andere sie auch wahrnehmen, werden Sie nicht wirklich ein Leader sein.

Da Kommunikation für Sie und Ihr Team das wichtigste Element ist, um Erfolg zu erreichen, und Kommunikation auch die Brücke zwischen Motivation und Implementation ist, müssen wir alle kommunizieren.

Alle von uns führen Menschen und haben Menschen, die uns führen. Wenn Sie als Selbstständiger oder Geschäftsführer Ihrer Organisation tätig sind, dann denken Sie vielleicht, dass Sie das Sagen haben, aber in der Realität haben auch Sie eine Reihe von Menschen, von denen Sie geführt werden. Man nennt diese Kunden. Wir alle reagieren auf jemanden.

Es ist wichtig zu verstehen, was Ihnen Ihre Leader und der allgemeine Markt sagen, genauso wie es wichtig ist, dass Sie diese Nachrichten und auch Ihre eigenen an diejenigen weitergeben, die Sie führen.

Es ist unmöglich, ein großer Leader zu sein, ohne ein exzellenter Kommunikator zu sein. Per Definition sind Leader Menschen, denen andere Menschen folgen. Sie können kein Leader werden, nur weil Sie sich selbst als solchen bezeichnen oder Sie sich dazu entscheiden, einer zu sein. Sie müssen sich den Titel und die Position eines Leaders verdienen.

Das Recht, ein Leader zu werden, erwirbt man, indem man zuerst Eigenschaften besitzt, die andere nachahmen möchten; wenn Sie allerdings diese Eigenschaften nicht auf eine Art und Weise kommunizieren und demonstrieren können, sodass andere sie wahrnehmen, sind Sie nicht wirklich ein Leader.

Unser berufliches und privates Leben wird mehr und mehr durch die Zunahme von Technologien beeinflusst. Sie haben sicher schon einmal gehört, dass Bedürfnisse die Mutter aller Erfindungen sind, im Sinne von „Not macht erfinderisch". Mir kommt es aber so vor, dass in der Geschäftswelt neue Erfindungen die Mutter von Bedürfnissen sind.

Ich habe viele Bücher von oder über Leader in Politik, Wirtschaft oder anderen Bereichen gelesen. In diesen Büchern wurden auch viele ihrer persönlichen und beruflichen Briefe abgedruckt. Es ist offensichtlich, dass vor der Einführung des Telefons alle gut mit der Situation zurechtkamen. Aber sobald das Telefon erfunden wurde, wurde es zur Notwendigkeit. Es ist schwer vorstellbar, heute ohne Telefon, Fax, Mobiltelefon und Computer mit Internetanschluss auszukommen.

Vor Kurzem habe ich einen selbsternannten Business-Guru sagen hören, dass E-Mail und Instant Messaging die Kommunikation revolutioniert haben. Sicherlich haben sie Veränderungen mit sich gebracht, aber nicht alle sind gut. Weil mir meine E-Mails vorgelesen werden, nehme ich eines wahrscheinlich verstärkt wahr: E-Mails werden häufig so schnell versandt und enthalten so wenig Kontext, dass man sich oft fragt: „Was meint er damit?"

Denken Sie daran, wenn Sie der Leader in einem bestimmten Kreis von Kollegen sind, dann werden Ihre Kollegen sehr zurückhaltend sein, wenn es darum geht, Ihnen deutlich zu sagen: „Ich weiß nicht, wovon Sie sprechen." oder „Ich bin mir nicht sicher, ob ich Sie richtig verstehe."

Effektive Kommunikation erfordert Interaktion. Es ist Austausch oder ein Dialog notwendig, um potenzielle Fehlkommunikation zu korrigieren oder fein abzustimmen. Je mehr Arten der Kommunikation Sie verwenden und je mehr Interaktion Sie zulassen, desto besser stehen die Chancen, dass Kommunikation *Ultimative Produktivität* fördert, indem eine Brücke von der Motivation zur Implementation geschaffen wird.

Schriftliche Kommunikation findet oft ohne Ausdruck oder Gewichtung statt, sodass Ironie, Sarkasmus und der Grad der Intensität nicht transportiert werden. Sie verstehen vielleicht, was Sie tippen, aber die Person am anderen Ende hat keine Ahnung davon.

Sie könnten von zwei verschiedenen Kollegen dieselbe E-Mail mit folgendem Text erhalten: „Wow. Gestern hatte ich einen tollen Flug." Einer der Kollegen meint damit vielleicht, dass es der beste Flug seines Lebens war – der Service grandios, der Flug und die Landung sanft und die Ankunft pünktlich. Der andere Kollege aber gebraucht vielleicht Sarkasmus, um seine Gefühle über den nicht existenten Service, den achterbahnähnlichen Flug und die immense Verspätung zum Ausdruck zu bringen. In Abwesenheit der vokalen Betonung könnte man den Eindruck gewinnen, dass beide ein ähnliches Flugerlebnis hatten. Wenn allerdings Ihr Kollege, anstatt Ihnen zu mailen, mit Ihnen am Telefon, oder besser persönlich, gesprochen hätte, dann wären Sie vermutlich sehr schnell in der Lage gewesen, festzustellen, dass die eine Person den besten Flug ihres Lebens und die andere Person den vielleicht schlimmsten Flug erlebt hatte.

Genauso wie es Kommunikationswege gibt, die sich für bestimmte Arten von Interaktion besser eignen, so gibt es Menschen, die eine bestimmte Art und Weise der Kommunikation bevorzugen oder mehrere Wege der Kommunikation benötigen. Wenn Ihr Anwalt einen 92-seitigen Vertrag vorbereitet und Ihnen zur Unterschrift nur mit der Notiz „Lesen und unterschreiben" zusendet, dann hat Ihr Anwalt wahrscheinlich nicht sehr gut kommuniziert – wenn überhaupt. Seine Kommunikation war nicht angemessen in Bezug auf den Umfang des Vertrags. Auch war seine Kommunikationsweise nicht ausreichend, um Ihre Bedürfnisse zu stillen. Ein kurzer Telefonanruf oder zwei Sätze zur Erklärung würden allen Unterschied machen.

Um gekonnt und effektiv zu kommunizieren, müssen Sie in einer Weise kommunizieren, die für den Inhalt der Nachricht angemessen ist, und die Bedürfnisse und Vorlieben des Empfängers berücksichtigen.

Als Blinder bin ich nicht in der Lage, diese Seite zu lesen, so wie Sie jetzt gerade; allerdings höre ich durch Hörbücher und ein Hochgeschwindigkeitsabspielgerät fast jeden Tag ein ganzes Buch. Als Autor von mehr als einem Dutzend Büchern und als bekannter Sprecher und TV-Persönlichkeit kontaktieren mich regelmäßig Menschen, um mir ein Buchmanuskript oder Drehbuch anzubieten.

Über die Jahre hinweg habe ich festgestellt, dass 90 Prozent der Menschen, obwohl sie wissen, dass ich blind bin, mir einfach ein gedrucktes Dokument zuschicken, um meine Hilfe bei der Veröffentlichung eines Buches oder für die Produktion eines Filmes zu erhalten. Zirka zehn Prozent der Menschen bemühen sich darum, ihr Manuskript auf Tonträger zu sprechen, oder fragen meine Mitarbeiter, welches Format für eine blinde Person am angenehmsten oder besten ist. Bei der Wahl zwischen diesen zwei Ansätzen überlasse ich es Ihrem Vorstellungsvermögen, welche Art der Präsentation meine sofortige und volle Aufmerksamkeit erhält.

Manchmal ist es in einem schwierigen oder herausfordernden Kommunikationsumfeld für die Menschen, mit denen Sie kommunizieren, sehr hilfreich, einfach zu fragen, ob es eine bessere oder bevorzugte Kommunikationsmethode für Ihre Nachricht gibt.

Da ich im Laufe der vergangenen Jahre immer wieder vor großem Publikum gesprochen habe, stellte ich fest, dass sich die Art und Weise, wie die Zuhörer meine Botschaft aufnehmen, verändert – obwohl sich meine Botschaft nicht wesentlich verändert –, und daher unterscheiden sich auch die Methoden, die ich anwende, erheblich.

Ich erinnere mich daran, wie ich zu einer Gruppe Forschungsingenieuren sprach. Während eines Teils meiner Präsentation, der besonders humorvoll ausgelegt sein sollte, vernahm ich nur vereinzelte Lacher und vielmehr hastige Schreibgeräusche und das Wenden von Notizblockseiten. Diese Spitzenakademiker und Mathematiker fühlen sich nicht wohl dabei, Inhalte als wertvoll anzuerkennen, ohne sie aufgeschrieben zu haben. Sie wollen es sehen, lesen und in ihren Händen halten.

Aber ganz im Gegensatz dazu erlebe ich immer wieder, wenn ich zu einer Gruppe von Verkäufern oder Personen aus der Medienbranche spreche, dass diese Menschen total irritiert sind, wenn nicht sogar abgeschreckt, wenn ich meine Präsentation nicht auf eine total verbale Art präsentiere.

Mit der einen Gruppe kommuniziere ich mit Logik, Verstand und Fakten. Mit der anderen Gruppe kommuniziere ich dieselbe Botschaft mit Humor, Emotion und Visualisierung. Beide Arten haben ihre Berechtigung, aber sie sind nicht beliebig austauschbar.

Es gibt ein paar Kommunikationssituationen in Ihrem persönlichen und beruflichen Leben, bei denen die richtige

Methode wahrscheinlich offensichtlich ist. Wenn jemand am Telefon eine Nachricht für Sie entgegennimmt, dann ist es wahrscheinlich am besten, wenn er den Namen und die Telefonnummer aufschreibt; allerdings kann die Nachricht „Fred hat wegen seiner Bestellung angerufen. 05555 1234" eine ganze Reihe von Dingen bedeuten, was aber nur abgeklärt werden kann, wenn der verbale Austausch während des Telefonats mit Fred kommuniziert wird.

Je mehr Elemente des großen Gesamtbilds Sie jedem in Ihrem Team kommunizieren können, desto besser sind Ihre Chancen auf Erfolg.

Fred könnte aufgeregt über seine Bestellung sein, weil er sich so auf Ihr Produkt oder Ihre Dienstleistung freut und sicherstellen möchte, dass er auch noch mehr bestellen kann. Auf der anderen Seite kann es sein, dass Fred die Telefonistin lautstark angebrüllt und kommuniziert hat, dass er stornieren wird, wenn die Bestellung nicht bis morgen eintrifft.

Wenn Sie nicht wissen, auf welche Situation Sie treffen, dann ziehen Sie womöglich ohne Waffen in eine Schlacht. Wenn Sie Ihrer Telefonistin noch nicht kommuniziert haben, dass Sie auf die verschiedenen Situationen hingewiesen werden möchten, dann wäre es ratsam, ihr mitzuteilen, dass Sie alle Informationen sowie alle ihre Eindrücke des Gesprächs erwarten und schätzen.

Zwei Führungskräfte kommen vom Mittagessen zurück, und beide erhalten von ihren Lebenspartnern eine Notiz mit der identischen Nachricht: „Wollte nur anrufen, um zu hören, was los ist.“ Die Frau von Führungskraft A hat gerade einen freien Moment zwischen zwei Terminen und wollte nur hören, wie es heute so geht. Die Frau von Führungskraft B aber ruft an, weil Führungskraft B mit ihr zum Mittagessen verabredet war und schon über 45 Minuten zu spät ist. Das ist unmöglich aus einer schriftlichen Telefonnotiz zu entnehmen, aber in einem verbalen Austausch so gut wie nicht zu überhören.

Schriftliche Anweisungen, wie auch verbale, ergeben für den Urheber der Nachricht immer Sinn. Für mich selbst sind alle Gedanken in meinem Kopf logisch. Die Herausforderung in meinem Leben ist, die Botschaft in klarer Form von meinem Kopf zu meinem Gegenüber, in ein Buch, eine Kolumne, eine Rede oder einen Film zu transportieren.

So wichtig die alltägliche Routine der Kommunikation auch ist, es ist noch viel wichtiger, dass die Motivation, die Sie in sich spüren, exakt und fehlerfrei an Ihr gesamtes Team kommuniziert wird. Es ist ein großer Unterschied zwischen dem, was Sie möchten, dass jemand tut, und dem, was Sie erledigt haben möchten – so wie ich es vorher beschrieben habe. Sie möchten vielleicht, dass jemand herumsteht und auf einen Kran wartet, aber was Sie erledigt haben möchten, ist, dass eine zuverlässige Person bereitsteht, um die Effizienz eines wertvollen Postens (wie eines Kranes) zu maximieren.

Je mehr Elemente des großen Gesamtbilds Sie jedem in Ihrem Team kommunizieren können, desto besser sind Ihre Chancen auf Erfolg.

Egal wie motiviert Sie sind und wie brennend Sie implementieren wollen: Wenn Sie keine akkurate Kommunikation mit den Menschen um Sie herum haben, sind Sie zwar bereit, haben aber kein Ziel, um darauf zuzugehen.

NOTIZEN:

KAPITEL DREIZEHN

DAS MYSTERIUM DER IMPLEMENTATION

Die Implementation wird als Element der *Ultimativen Produktivität* leider sehr oft missverstanden. Viele, die ihre persönliche Definition von Erfolg nicht erreichen, glauben, dass Implementation bedeutet „anzufangen". Wie Sie und ich herausgefunden haben, ist Implementation aber Teil eines nahtlosen Prozesses, der mit der Definition Ihres Erfolgs, der Festlegung Ihrer Mission, der Beurteilung Ihrer Leidenschaft, dem Schaffen von Motivation und der Kommunikation aller dieser Elemente auf eine Art und Weise, die Erfolg unvermeidlich macht, beginnt.

Viele Menschen denken, wenn sie den 100-Meter Sprint bei den Olympischen Spielen im Fernsehen verfolgen, dass das Einrichten am Startblock und das Warten auf den Startschuss Implementation bedeuten. Aber in Wahrheit beginnt dieser 100-Meter-Lauf für die olympischen Athleten bereits Jahre zuvor, mit Träumen, Planung, Training, Qualifizierungen und letztendlich der Möglichkeit, diesen Prozess in Form eines einzigen Zehn-Sekunden-Laufs zum Höhepunkt werden zu lassen.

Richtige Implementation findet für uns Menschen nicht von alleine statt. Es gibt diejenigen unter uns, die ihren Überlebensinstinkt einbeziehen wollen und eine lebenslange Reise antreten, auf der sie jedem willkürlichen Impuls mit einer spontanen Reaktion begegnen. Auf der anderen Seite gibt es die armen Menschen, die der „Analyse-Lähmung" zum Opfer gefallen sind, und diese werden ihr Haus nicht verlassen, bis alle Ampeln auf Grün stehen.

„Ein guter Plan, der heute voller Power umgesetzt wird, ist besser als ein perfekter Plan nächste Woche."

– General George Patton

General George Patton gehört zu meinen Lieblingsfiguren aus der Geschichte, weil er genau wusste, wie man plant, vorbereitet, die Logistik sicherstellt und alle Faktoren analysiert; aber er wusste auch, wie man die Zündschnür anzündet und implementiert. General Patton sagte: „Ein guter Plan, der heute voller Power umgesetzt wird, ist besser als ein perfekter Plan nächste Woche."

Ein bekannter Zeitungsjournalist meiner Heimatstadt kontaktierte mich vor einigen Jahren, nachdem er meine Bücher gelesen hatte. Meine Arbeit würdigend fragte er mich, ob ich jemals eine Kolumne geschrieben hatte. Ich erwiderte, dass ich das noch nicht einmal in Betracht gezogen hatte, worauf er mich fragte, ob ich ihm vierhundert bis fünfhundert Wörter faxen könnte. Etwa zehn bis fünfzehn Minuten später sandte ich das Fax und dachte nicht mehr an die Sache.

Er druckte die Kolumne in der darauffolgenden Woche und rief mich an, um mir die Worte zu sagen, die mich daraufhin in einen Zeitungs-, Magazin- und Online-Kolumnisten verwandelten: „Machen Sie das jede Woche!"

Unglücklicherweise wird für zu viele Menschen Perfektion zu einem unerreichbaren Ideal, wodurch ein Umfeld geschaffen wird, in dem sie einfach nie beginnen.

Am Anfang machte ich mir jede Woche um meine Kolumne Gedanken, bis er mir einen weiteren guten Rat gab: „Das ist eine Tageszeitung. Wir brauchen es nicht perfekt. Wir brauchen es Donnerstag." Das war vor fast fünfhundert Kolumnen, und mittlerweile ist das Schreiben meiner wöchentlichen Kolumne „Winners' Wisdom" zu einem automatischen Teil meiner Lebensroutine geworden.

Inzwischen haben weltweit so viele Menschen meine Kolumnen gelesen, und eine erste Auswahl wurde als Buch mit dem Titel „*Heute* ist der entscheidende Tag" veröffentlicht. All das wurde erst möglich, als ich die richtigen Implementationsprinzipien verstanden hatte, die notwendig waren, um meiner Definition von Erfolg als wöchentlicher Kolumnist zu entsprechen.

Perfektion ist etwas, nach dem wir streben sollten, und es sollte uns motivieren, vorwärts zu gehen. Unglücklicherweise wird aber für zu viele Menschen Perfektion zu einem unerreichbaren Ideal, wodurch ein Umfeld geschaffen wird, in dem sie einfach nie beginnen.

Wir haben ja bereits erfahren, dass jedes Mal, wenn Sie mit einem Flugzeug fliegen, Sie die meiste Zeit vom Kurs abweichen und die Piloten Ihnen sagen würden, dass die Bedingungen nie vollkommen perfekt sind. Der Grund, warum wir heute eine Luftfahrtindustrie und die Möglichkeit haben, die ganze Welt in Stunden und nicht Monaten zu bereisen, ist: Es gab Pioniere, die von einem System träumten und eine Industrie schufen, die anerkennt, dass es – im Rahmen der Sicherheit – eine Vielzahl von Zuständen gibt, die einen perfekten Flug ermöglichen. Und wir kommen alle von Zeit zu Zeit vom Kurs ab. Der Schlüssel zur Implementation ist: abheben und dann anpassen.

Wir kommen alle von Zeit zu Zeit vom Kurs ab. Der Schlüssel zur Implementation ist: abheben und dann anpassen.

Diejenigen, die nicht Opfer der „Analyse-Lähmung“ werden, tappen dann leider oft in die „Auf-die-Plätze-fertig-los-Falle“. Das Leben, das Sie und ich heute leben, ist kein Übungsspiel. Es ist Ihr ganz persönliches Finale, Ihre Weltmeisterschaft und Ihre Olympiade – zusammengefasst in einem gewaltigen und leidenschaftlichen Prozess. Während wir natürlich nicht wartend herumsitzen möchten und unsere Umstände und alle Elemente erst analysieren wollen, bis sich das „Fenster der Möglichkeit“ schließt, so wollen wir auch nicht unser Potenzial minimieren, indem wir nicht die wichtigen Schritte der *Ultimativen Produktivität* ausführen.

Alles, das die Investition unserer Zeit, unseres Einsatzes und unserer Energie wert ist, ist es auch wert, dass wir Motivations- und Kommunikationsprinzipien dafür planen und nutzen, in der Vorbereitung auf die Implementation.

Wenn Sie ein Geschäft betreten und die Leute an den Kassen beobachten, dann werden Sie feststellen, dass die meisten Menschen, die mehr als ein oder zwei Artikel kaufen, mit einer Einkaufsliste in den Laden gekommen sind. Sie wollen nicht die Zeit und Energie investieren, die nötig ist, um wieder in das Geschäft zurückzukehren, nur weil Sie etwas vergessen haben.

Ich erinnere mich noch sehr genau an einige Werkprojekte mit Holz, an denen ich als Kind mit meinem Großvater arbeitete. Er erklärte mir die Weisheit vom „zweimal messen, einmal schneiden". Seine Worte sind schon seit einigen Jahrzehnten Teil von mir: „Wenn du nicht die Zeit hast, es richtig zu machen, wann wirst du dann die Zeit haben, es nochmals neu zu machen?"

Das alte Sprichwort, dass man seine Arbeit planen und nach seinem Plan arbeiten muss, ist wirklich wahr. Wir haben alle nur begrenzte Zeit, Energie, Kreativität und Ressourcen. Wenn Sie Ihre Bestimmung durch Ihre persönliche Definition von Erfolg erreichen möchten, dann müssen Sie alles, was Ihnen gegeben wurde, nutzen, indem Sie *Ultimative Produktivität* einsetzen.

Selten werden Sie mehr erreichen als das, was Sie geplant haben – und Sie werden niemals alles, was Ihnen möglich ist, erreichen, wenn Sie nicht Ihren *Ultimative-Produktivitäts-*„Bauplan" erstellt haben. Es gibt viele Arten der Implementation, die Ihre Charakteristiken und die Ihres Teams berücksichtigen, aber alle Implementationsarten berücksichtigen bestimmte Erfolgsprinzipien, die sich auf die *Ultimative Produktivität* beziehen.

Während ich diese Worte für Sie diktiere, sitze ich hier in meinem Büro. Und ich weiß bereits jetzt, dass ich während des Diktierens dieses Kapitels von gelegentlichen Telefonanrufen oder einer Person mit einer kurzen Frage unterbrochen werde. Das stört mich nicht, da ich nie ein besonders ablenkungsanfälliger Autor war. Ich kenne aber Autoren, die tatsächlich in eine Berghütte ziehen und von absoluter Ruhe umgeben sein müssen, um schreiben zu können. Einige großartige Autoren stehen früh morgens auf und schreiben jeden Tag ein paar Seiten. Andere Autoren fangen erst an, wenn der Rest der Welt bereits zu Bett gegangen ist, und schreiben dann bis spät in die Nacht oder bis zum Morgengrauen. Es gibt Autoren, die verwenden Computer. Andere nutzen immer noch Schreibmaschinen. Und ich kenne sogar einige extrem erfolgreiche Autoren, die handschriftlich auf einem Block schreiben.

Alle diese Arten können Autoren zum Erfolg führen. Genau die Autoren, die ihre persönliche Definition von Erfolg haben, ihre eigene Mission des Schreiben geschaffen haben, ihrer Arbeit mit Leidenschaft nachgehen, ihre eigene Motivation generieren, es den Menschen um sich herum kommunizieren und – in einem System, das *für sie* funktioniert – implementieren.

Wenn Sie ein Autor sein möchten, aber nur jedes Jahr zu Silvester eine halbe Stunde an Ihrem Werk arbeiten wollen, dann muss ich Ihnen leider mitteilen, dass das nicht funktionieren wird. Wenn Sie nicht bereit sind, die grundlegenden Elemente der Rechtschreibung, Grammatik und Zeichensetzung zu lernen, dann haben Sie keine Chance. Und, schlussendlich, wenn Sie nicht die Regeln der Verlagsbranche kennenlernen und in diesen bestehenden Rahmenbedingungen arbeiten, dann werden Sie wahrscheinlich nie der Ehrengast bei Ihrer eigenen Signierstunde sein. Es ist einfach so, dass es für die meisten Unternehmungen ein paar Regeln gibt, an die man gebunden ist, aber darüber hinaus gibt es viele Möglichkeiten, Ihre Mission zu implementieren, um Ihre Definition von Erfolg zu erreichen.

Als ich mit dem „Narrative Television Network" begann, stellte ich fest, dass es so etwas wie „NTN" noch nie zuvor gab. Obwohl ich wusste, dass wir neue Wege beschreiten würden, erkannte ich trotzdem an, dass es bestimmte Grundregeln und Erwartungen in der Rundfunkbranche gab, die unsere Implementation begleiten würden.

Die Branche verwendet bestimmte elektronische Signale, Bandbreiten, Formate und andere technische Spezifikationen, mit denen man konform gehen muss. Fernsehprogramme müssen in die in den USA üblicherweise einstündigen oder halbstündigen Programmplätze passen, und Werbespots müssen dem Stil, dem Timing und den Vorstellungen der Werbebranche entsprechen. Wenn man dann allerdings die Grundlagen abgedeckt hat, dann gibt es immer noch Freiheiten außerhalb der Box, um Eigenes zu implementieren.

Nachdem wir ein paar Programme und einige Fernsehstationen im Land zusammen hatten, begann ich zu erkennen, dass wir – wenn wir jemals Geld verdienen wollten – Werbung verkaufen und damit die Werbezeit füllen müssten. Also orientierten wir uns an einem Buch, das die Top-100-Anzeigenkunden in den USA aufführte. Ich dachte, dass das gute potenzielle Neukunden sein könnten, weil ich folgende Theorie in Bezug auf den Verkauf habe: Wenn du etwas verkaufen willst, dann verkaufe an Menschen, die kaufen wollen.

Viele Unternehmer und Verkäufer verschwenden kostbare Zeit und Potenzial, indem sie immer wieder versuchen, noch mehr aus einem toten Pferd herauszuholen. Ich begann also, bewaffnet mit der Liste der 100 potenziellen Neukunden, jeden Tag alle anzurufen. Ich hatte unter meinen Zuhörern schon öfter Menschen sitzen, die mich später herausforderten und sehr überzeugt sagten: „Man kann nicht einhundert Menschen jeden Tag anrufen." Ich freue mich dann immer, wenn ich ihre Seifenblase zerplatzen lassen und ihnen mitteilen kann: „Doch, das kann man. Es dauert ca. sechseinhalb Stunden. Ich weiß das, weil ich es über Monate hinweg getan habe."

In der Realität ist es so: Wenn man die Marketingleiter von einigen der größten Firmen der Welt kalt anruft, dann werden nicht alle gleich am ersten Tag, in der ersten Woche oder vielleicht auch im ersten Monat mit Ihnen sprechen wollen. Sie müssen bereit sein, den Kontakt zu Ihrem Ansprechpartner aufzuwärmen oder, wie in meinem Fall, vielleicht sogar etwas mürbe zu machen.

Also rief ich Tag für Tag für Tag jeden dieser einhundert Kontakte, die ich ausgewählt hatte, an und setzte hinter jeden Namen nach dem Anruf einen Haken. Ich kann mich noch gut an den Tag erinnern, an dem ein gestresster Marketingleiter endlich ans Telefon ging und sagte: „Herr Stovall, ich weiß nicht, wer Sie sind, aber ist Ihnen eigentlich bewusst, dass Sie mein Büro in den vergangenen siebenundfünfzig Tagen täglich angerufen haben?"

Ich schmunzelte und antwortete: „Ja, sicher. Ich bin mir dessen bewusst, denn Ihr Name ist hier in meinen Unterlagen auf einer Liste mit einhundert potenziellen Neukunden, die ich jeden Tag anrufe. Und wenn Sie meine Geschichte heute nicht anhören, dann rufe ich morgen, übermorgen und auch am Tag danach wieder an."

Verstehen Sie aber bitte: Ich bin kein lästiger und aggressiver Verkäufer. Ich bin einfach jemand, der ein persönliches Ziel definierte, eine Mission vorbereitete und Leidenschaft und Motivation schuf, die ich meinem Team und meinen potenziellen Neukunden kommunizierte, während ich durch diese Anrufe implementierte.

Jetzt denken Sie wahrscheinlich: *Das hätte ich nicht so gemacht.* Das kann ich Ihnen nicht verübeln. Fakt ist, wenn ich es nochmals machen müsste, würde ich es wahrscheinlich auch nicht mehr so machen. Allerdings wurde das „Narrative Television Network" durch diese Art der Implementation erfolgreich genug, um sich zu tragen und ein wachsender Fernsehsender zu werden. Hätten wir auf eine andere Art implementiert, dann hätten wir trotzdem unsere Geschichte und unser Angebot vor die richtigen Menschen bringen müssen, die uns dabei hätten helfen können, durch *Ultimative Produktivität* erfolgreich zu werden.

Sie sollten nie mit Methoden verheiratet sein, sondern Sie sollten standhaft in Ihrer Mission zu Ihrem persönlichen Erfolg sein. Wenn Sie allerdings sich selbst nicht eingehend und ehrlich überprüfen, dann werden Sie es sehr schwer haben, *Ultimative Produktivität* auf Ihrem Weg zum Erfolg umzusetzen. Jeder von uns hat menschliche Schwächen, und wir nehmen allzu oft den Weg des geringsten Widerstandes.

Coach Wooden sagte mir, dass die meisten Basketballspieler die Elemente des Basketballs trainieren möchten, in denen sie bereits gut sind. Sie bevorzugen es, den Dreipunkt-Wurf oder Dunks zu trainieren, wobei in Wirklichkeit Freiwürfe und Verteidigung die Elemente sind, die letztendlich dann die Meisterschaft gewinnen.

Wenn Sie erwägen, *Ultimative Produktivität* in Bezug auf Ihre persönliche Definition von Erfolg zu implementieren, dann müssen Sie sich selbst kennen und willens sein, die Dinge zu tun, die mittelmäßige Menschen nicht tun würden – was exakt die Dinge sind, die Sie nicht tun werden, außer Sie nutzen die *Ultimative Produktivität* durch Motivation, Kommunikation und Implementation.

NOTIZEN:

KAPITEL VIERZEHN

IMPLEMENTATION:
DER STARTSCHUSS

Egal wie gut Sie Ihre persönliche Definition von Erfolg ausgearbeitet haben, Ihre Mission geformt haben, Leidenschaft in Ihr Ziel hineingeben haben, egal wie motiviert Sie sind und wie gut Sie die Elemente von *Ultimative Produktivität* kommunizieren: Wenn Sie nicht implementieren, dann ist Hopfen und Malz verloren. Mehr Menschen scheitern daran, überhaupt zu starten, als daran, erfolgreich zu sein. Es ist keine Schande zu verlieren, wenn man dabei sein Bestes gegeben hat und bereit ist, wieder aufzustehen und neu anzutreten. Eine Schande ist es, wenn man es erst gar nicht versucht hat.

Ängstliche Charaktere werden sagen: „Wenn man sich ein Ziel setzt und dieses mit Leidenschaft verfolgt, dann könnte man scheitern und enttäuscht sein." Und die Kühnsten unter uns werden sagen: „Wenn man es wieder und wieder versucht, dann wird man irgendwann erfolgreich. Wenn man es nicht versucht, dann wird man unvermeidlich und absolut scheitern."

Als Sprecher hatte ich auch die Möglichkeit viele wundervolle Veranstaltungen zu besuchen und herausragende Menschen zu treffen. Als ich zum Beispiel dieses Kapitel diktierte, war ich gerade von einer Rede beim Turnierbankett der PGA Championship, wo Tiger Woods seinen dreizehnten Major-Titel und vierten PGA-Titel gewonnen hatte, zurückgekehrt. Tiger Woods ist vielleicht das beste Beispiel seiner Generation für jemanden, der durch *Ultimative Produktivität* implementiert.

Mehr Menschen scheitern daran, überhaupt zu starten, als daran, erfolgreich zu sein. Es ist keine Schande zu verlieren, wenn man dabei sein Bestes gegeben hat und bereit ist, wieder aufzustehen und neu anzutreten.

Bei ihm scheint es wahrlich so, als ob es für ihn ganz einfach sei zu implementieren. Ich kann Ihnen jedoch versichern, dass die Leistungen, die Sie von ihm in den großen Turnieren auf der ganzen Welt gesehen haben, das Ergebnis von vielen Stunden Vorbereitung und Planung sind.

In der letzten Runde der Meisterschaft gab es ein bestimmtes Loch, das von Woods verlangte, einen präzisen Zweihundert-Meter-Schlag auszuführen. Und der Ball sollte dann auch noch innerhalb von wenigen Metern auf einem glatten und ausgetrockneten Grün stoppen. Der längste Teil der zweihundert Meter war Wasser. Die meisten durchschnittlichen Golfer hatten Angst vor diesem Schlag, aber für Tiger Woods ist das Implementieren dieses Schlags nur Routine. Er macht dieselbe Anzahl von Aufwärmschlägen, nähert sich dem Ball in derselben

Weise wie immer und führt seinen Schwung genauso aus, wie er es tausende Male zuvor gemacht hat.

Erfolg ist nie leicht, und nur weil Sie Ihre eigene Definition von Erfolg erstellt haben und den Schritten von *Ultimative Produktivität* durch Motivation, Kommunikation und Implementation folgen, dürfen Sie niemals annehmen, dass von Ihnen nicht maximaler Einsatz gefordert werden wird. Während der Preis an Zeit und Energie hoch ist, um erfolgreich zu sein, so kann ich Ihnen versichern, dass der Preis des Scheiterns noch weitaus höher ist.

Es ist wichtig, dass Sie die Implementation Ihres Erfolgs systematisieren. Sie sollten so viele unbekannte Variablen wie möglich eliminieren und produktive Implementation zum Teil Ihrer Routine werden lassen.

Vor einem Publikum zu sprechen wird von den meisten Psychologen und denen, die das menschliche Denken erforschen, als eines der beängstigendsten und schrecklichsten Erlebnisse eingestuft. Wenn Menschen mich fragen, wie ich zu Millionen von Menschen sprechen kann, ohne eingeschüchtert zu wirken, dann ist die Antwort sehr einfach: Es wurde zur Routine. Jede große Leistung, sei es auf der Bühne, auf dem Golfplatz oder unser Streben nach persönlichen Erfolgszielen durch *Ultimative Produktivität*, ist ein Ergebnis von Routine.

Das menschliche Gehirn kann den Unterschied zwischen der Realität und einer lebhaften Vorstellung nicht erkennen. Das ist auch der Grund, warum Sie körperliche Anzeichen von Angst während eines Horrorfilms bekommen. Sie wissen, dass es nur ein

Film ist, aber Ihre Atmung wird trotzdem schneller, und Ihr Puls steigt. Aber je öfter Sie einen Film ansehen, desto schwächer wird die körperliche Reaktion werden, bis es letztendlich so zur Routine für Sie wird, dass Sie gar keine körperlichen Auswirkungen mehr verspüren.

Wenn Sie ein erstrebenswertes Ziel verfolgen, dann wird es eine Herausforderung sein. Diese Herausforderung wird multipliziert, wenn Sie den Stress oder Druck hinzurechnen, der entsteht, wenn Sie etwas verfolgen, für das Sie so leidenschaftlich sind. Das kann aber eliminiert werden, wenn Sie Implementation systematisieren.

Es ist nicht so wichtig, welches System Sie nutzen, sondern vielmehr, dass Sie überhaupt ein System einführen. Tiger Woods' Routine funktioniert für ihn. Aber andere erfolgreiche Golfer haben eigene Routinen, die gut für sie funktionieren. Die Details sind nicht so wichtig; allerdings, wenn Woods versuchen würde, die Vorbereitungsroutine eines anderen Golfers zu verwenden, dann könnte es seinen Rhythmus und seine Balance stören, und er würde anfangen zu denken und zu beurteilen, anstatt einfach zu implementieren.

Menschen, die belastende und beanspruchende Berufe ausführen, wie zum Beispiel Feuerwehrleute, Polizisten und Militärpersonal, werden so geschult, dass sie ohne nachzudenken handeln können. Wenn ein Feuerwehrmann jedes Mal, wenn er zu einem Brand gerufen wird, zuerst innehalten und alle Gefahren für sich und andere um ihn herum beurteilen würde, dann würde er in seinem Gedankenprozess so ins Stocken geraten, dass er nicht implementieren könnte.

Ich empfehle Ihnen, dass Sie Ihr langfristiges Ziel, das Sie in eine Mission verwandelt haben, nehmen und es nun in tägliche Aktivitäten herunterbrechen. Sie müssten dann einfach herausfinden, was Sie heute tun müssen, um Ihr Fünfjahres- oder Zehnjahresziel zu erreichen.

Machen Sie eine Liste der Dinge, die heute erledigt werden müssen, damit Sie einen Tag näher an Ihren persönlichen Erfolg herankommen.

Das Leben und der Erfolg hängen von der Implementation ab, die Tag für Tag stattfindet. Machen Sie eine Liste der Dinge, die heute erledigt werden müssen, damit Sie einen Tag näher an Ihren persönlichen Erfolg herankommen. Wenn Sie dann die Liste aller Aufgaben betrachten, die erledigt werden müssen, dann werden in aller Regel ein bis zwei Aufgaben dabei sein, bei denen Sie wünschten, diese nicht tun zu müssen. Ich schlage vor, dass Sie diese zuerst erledigen!

Wie uns der legendäre Trainer John Wooden sagte, wollen Menschen die Dinge üben, die sie mögen, wenn sie eigentlich die Dinge üben sollten, die sie nicht mögen. Meine Empfehlung ist es daher, dass wir unsere „Verteidigung“ und „Freiwürfe“ üben sollten, wenn wir leidenschaftlich und motiviert sind, damit wir am Ende des Tages die Dinge tun können, die uns Freude bereiten. Dinge wie die „Dreipunkt-Würfe“ und die „Dunks“.

Die meisten Menschen mögen zum Beispiel keine Telefonate – außer sie telefonieren mit Freunden – und verschieben diese, aufgrund ihrer standhaften Abneigung dagegen, immer bis spät in den Tag. Das schafft eine Situation, in der die negative Emotion alle anderen Aktivitäten beeinflusst. Daher wird der Unternehmer oder die Person, wenn es irgendeine Unterbrechung gibt und kein Telefonat geführt werden kann, nur wieder einen Tag weiter von seinem persönlichen Erfolg entfernt sein.

Jedes erstrebenswerte Ziel erfordert die Implementation von Aufgaben, die wir nicht besonders mögen. Wenn es lustig und leicht wäre, dann würde es jeder tun, und alle wären bereits erfolgreich. Überwinden Sie die höchsten Hindernisse *zuerst*! Sobald Sie diese überwunden haben, geht für den Rest des Tages alles wie von selbst.

Überwinden Sie die höchsten Hindernisse zuerst! Sobald Sie diese überwunden haben, geht für den Rest des Tages alles wie von selbst.

Es gibt so viele Arten zu implementieren, wie es Menschen gibt. Ich bin ein Frühaufsteher und genieße es, mein wichtiges und strategisches Denken zwischen 04:00 Uhr und 05:00 Uhr früh einzusetzen. Ich verstehe, dass diese Angewohnheit mich in Ihren Augen einer Minderheit zuordnet – und vielleicht sogar zu den etwas *Verrückten* –, aber es hat für mich immer gut funktioniert. Auf der anderen Seite kenne ich Menschen, die ihre besten Gedanken und Strategien weit nach Mitternacht entwickeln.

Manche Menschen müssen in absoluter Stille arbeiten, und andere brauchen laute Musik dazu. Manche Menschen beenden gerne eine Aufgabe und gehen dann in einer linearen Art und Weise zur nächsten über, während andere immer wieder Abwechslung in ihren Aufgaben brauchen. Und es gibt auch Menschen, die sich nur kompetent und professionell bei der Arbeit fühlen, wenn sie geschäftlich angezogen sind, während andere es bevorzugen, von zu Hause aus im Bademantel zu arbeiten. Es ist wichtig, dass Sie Ihren eigenen „Power Groove" finden, der für Sie funktioniert, während Sie implementieren.

Wir haben alle Trainer und Mentoren, die uns führen und leiten. Sie sind wichtig, aber vergessen Sie nicht: Beobachten Sie, *was* sie machen und *wie* sie es machen. Was sie machen, können viele tun. Wie sie es machen, ist persönlich und individuell.

Wenn Sie ein Werfer in der „Major League" (Baseball) sein möchten, dann ist es wichtig für Sie, Trainer und Mentoren zu haben. Warren Spahn machte eine der bedeutendsten Profi-Karrieren aller Werfer, die jemals auf dem Wurfhügel standen. Er wurde später Trainer und verhalf vielen jungen Ballspielern, ihr Potenzial zu erreichen. Spahn hatte großartigen Rhythmus, Timing und eine tolle Wurftechnik, wenn er den Ball warf. Er war sogar linkshändiger Werfer. Wenn Sie ein rechtshändiger Werfer sind, dann können Sie zwar von Spahns Rhythmus, Timing und Abwurf lernen, aber Sie sollten nicht beginnen, den Ball mit der linken Hand zu werfen, wenn Sie von Natur aus Rechtshänder sind. Sie müssen die allgemeinen Prinzipien, die für jeden funktionieren, verwenden. Aber diese Prinzipien müssen auf Ihre persönliche Art und Weise implementiert werden.

Wenn ich an unser Schulsystem denke, beunruhigt mich vor allem die Tatsache, dass von jedem erwartet wird, in der gleichen Art und Weise zu implementieren. Es gab in der nicht allzu fernen Vergangenheit sogar einmal eine Zeit, in der alle Schüler in öffentlichen Schulen dazu gezwungen waren, das Schreiben mit der rechten Hand zu erlernen. Das klingt heute absurd, weil wir wissen, dass es Menschen gibt, die naturgemäß Linkshänder sind, und der Gedanke, sie auf eine weniger produktive Art implementieren zu lassen, erscheint lächerlich. Obwohl wir diese Hürde längst überwunden haben, gibt es auch heute noch immer viele Beispiele von erzwungener, allgemeiner Implementation in unserem Bildungssystem.

Diejenigen, die im Leben erfolgreich sind, erkennen wir leicht. Es sind in der Regel die kreativen, wachstumsorientierten und kontaktfreudigen Menschen, die außerhalb der Norm denken und implementieren. Sie sind bekannt dafür, neue und bessere Wege zu finden, wie man Dinge erledigen kann. Das macht sie produktiv, und in unserer Gesellschaft bedeutet produktiv sein – *Ultimative Produktivität* umzusetzen – gleichzeitig Erfolg. Meistens erkennen wir Erfolg erst dann an, nachdem er geleistet wurde. Aber selten erlauben wir den Menschen, ihre eigenen individuellen Stärken zu entdecken, während sie noch lernen oder in der Ausbildung sind.

Es gibt bestimmte Aufgaben, bei denen es wirklich erforderlich ist, dass jeder auf eine bestimmte Weise handelt. Piloten und Co-

Piloten haben zum Beispiel eine standardmäßige Routine, wenn sie durch ihre Flugcheckliste gehen. In diesem Prozess gibt es keinen Raum für Kreativität und Individualität; ich bin allerdings entsetzt darüber, Lehrkräfte und Trainer zu sehen, die denken, dass alle Verkäufer, Autoren, Artisten und Unternehmer wie aus derselben Backform entsprungen aussehen sollten.

Sie haben die Kraft, Ihr Leben zu verändern, aber zuerst müssen Sie eine bewusste und qualitative Entscheidung treffen: Ihre einzigartigen Stärken und Talente auf dem Weg zu Ihrem persönlichen Erfolg zu entdecken und zu nutzen.

Es gibt heute mehr Millionäre auf der Welt als jemals zuvor. Trotz den düsteren Aussichten bezüglich unserer Wirtschaft, die Sie in den Medien lesen und hören können, ist es tatsächlich so, dass sich der Anstieg von Millionären sogar beschleunigt. Die Reichen werden in der Tat reicher. Menschen werden schneller als je zuvor erfolgreich.

Wir haben vorhin gelernt, dass Geld nicht mit Erfolg gleichzusetzen ist, aber es ist wahrscheinlich die einfachste Maßeinheit, um Erfolg zu messen. Und daher kann es auch als Maßstab dienen, um festzustellen, welcher Weg der beste ist, um Ihre *Ultimative Produktivität* zu implementieren.

Hätten Sie gleich nach dem Zweiten Weltkrieg durchschnittliche Menschen auf der Straße befragt, wie die meisten Millionäre zu Millionären geworden sind, dann hätte Ihnen die

Mehrheit gesagt, dass die meisten ihr Geld geerbt haben. Aber das war damals nicht der Fall, und es ist heute noch weniger der Fall. Mehr als 90 Prozent der fast zehn Millionen Millionäre in den USA sind es in erster Generation. Sie erarbeiteten, sparten und investierten sich ihren Weg zum Millionär. Während es bestimmte allgemein gültige Prinzipien gibt, die alle finanziell erfolgreichen Menschen eingesetzt haben, so gibt es so viele Wege, Millionär zu werden, wie es Millionäre gibt.

Sie werden nicht erfolgreich, weil Sie besser als jemand anders sind. Sie werden erfolgreich, weil Erfolg von Ihnen definiert wurde und es niemanden gibt, der mehr bereit, wollend oder fähig ist, Ihre einzigartige Rolle einzunehmen!

Als Blinder hatte ich große Vorteile, Millionär zu werden. Es war offensichtlich für mich selbst und alle um mich herum, dass ich normale Aufgaben nicht in der gewohnten Weise ausführen konnte. Daher war ich gezwungen, alternative Wege zu finden, die am besten zu mir passten, um meine Ziele zu erreichen. Ich war gezwungen, die bekannten Wege zu verlassen, die für die meisten von uns geschaffen wurden.

Sie müssen Ihr Recht zu wählen ausüben! Sie haben die Kraft, Ihr Leben zu verändern, aber zuerst müssen Sie eine bewusste und qualitative Entscheidung treffen: Ihre einzigartigen Stärken und Talente zu entdecken und zu nutzen, während Sie die *Ultimative Produktivität* auf dem Weg zu Ihrem persönlichen Erfolg implementieren.

Obwohl die ganze Welt versucht, uns in eine Einheitsnorm für Erfolg hineinzupressen, ist es die Wahrheit, dass Ihr Erfolg ein ganz persönliches Ziel ist, das nur Ihnen bekannt ist. Es kann nur erreicht werden, indem Sie die Mission ausführen, für die Sie geschaffen wurden.

Kraft und Leidenschaft sind die natürlichen Resultate, wenn man die Mission zu seinem persönlichen Erfolg unternimmt. Während die ganze Welt versucht, uns zu begrenzen und einen Zeitplan und bestimmte Ziele vorzusetzen, so ist das Universum, in dem wir leben, voll von einzigartigen und bemerkenswerten Möglichkeiten.

Sie haben eine persönliche Bestimmung geschaffen – ein maßgefertigtes Fahrzeug, um sich selbst von hier nach dort zu transportieren. Und Ihr Fahrzeug ist mit mehr als genug Treibstoff für die Reise gefüllt. Wenn Sie denen zuhören und denen folgen, die auf ihren eigenen einzigartigen Erfolgs-Gipfeln waren, anstatt der Herde in den überfüllten Zügen nachzulaufen, dann werden Sie ein Leben führen, das den Massen der Menschheit verborgen und unvorstellbar bleibt.

Sie werden nicht erfolgreich, weil Sie besser als jemand anders sind. Sie werden erfolgreich, weil Erfolg durch Sie definiert wurde und es niemanden gibt, der mehr bereit, wollend oder fähig ist, Ihre einzigartige Rolle einzunehmen!

NOTIZEN:

KAPITEL FÜNFZEHN

ES GEHT LOS:
JETZT ODER NIE

Nachdem ich mit all den vielen Firmen und zahlreichen Personen durch meine Bücher, Kolumnen und Reden interagiert habe, bin ich zu dem Schluss gekommen, dass es eine entscheidende Lücke in den Gedanken der meisten Menschen, die sagen, dass sie Ziele haben, und ihrer Realität gibt.

Ich glaube, dass Sie die wichtigsten Werkzeuge jetzt in Ihrem Besitz haben oder zumindest die Fähigkeit aufweisen, Ihre eigenen maßgeschneiderten Werkzeuge für die *Ultimative Produktivität* zu entwickeln. Aber ohne *Handlung* ist alles nur ein Märchen. Wenn Sie nicht nach den Prinzipien, die Sie auf diesen Seiten gelernt haben, handeln, dann wird Ihr derzeitiges „Es war einmal ..." nicht in ein „Und sie lebten glücklich und zufrieden bis an ihr Lebensende" enden.

Ich mag es zwar nicht, aber ich sage es hier am Ende noch einmal: Das Leben ist nicht fair. Es ist großartig, es ist gewaltig und wundervoll, aber es ist nicht fair. In diesem Leben werden Sie nicht immer bekommen, was Sie wollen, brauchen oder verdienen, aber Sie werden in der Tat das bekommen, was Sie erwarten.

Wenn Sie Ihre persönliche Definition von Erfolg ganz vorne im Kopf behalten, wenn Sie Schritt für Schritt in die Zukunft gehen und dabei Ihre Mission mit Leidenschaft verfolgen, dann wird Ihr Morgen anders sein als Ihr Heute.

Leider versuchen viele Menschen, in die Zukunft zu gehen, schleppen aber ihre Vergangenheit mit sich herum. Das funktioniert einfach nicht. Ihre Vergangenheit hat definiert, wer Sie heute sind. Die Handlung, die Sie heute setzen, wird definieren, wer Sie in Zukunft sein werden, außer, Sie lassen Ihre Vergangenheit nicht los.

Eines meiner Lieblingstiere ist der Klammeraffe – ein kleiner Primat, der viele ähnliche Eigenschaften mit dem Menschen hat. Klammeraffen leben in den höchsten Bäumen im Regenwald des Amazonasbeckens in Südamerika.

Viele Jahre versuchten Forscher, die Klammeraffen einzufangen. Zuerst versuchten sie es mit riesigen Netzen in den Bäumen. Aber die Klammeraffen waren zu klein und zu schnell, daher konnten Sie durch und um die Netze herum in Sicherheit gelangen. Dann versuchten die Entdecker, die Affen mittels mit Giftpfeilen geladener Pistolen zu betäuben. Aber es gab einfach zu viele Blätter und Äste zwischen den Forschern und den Baumspitzen, wo die Klammeraffen wohnten, um sie treffen zu können.

Die Forscher wurden mit jedem Versuch, die Klammeraffen einzufangen, frustrierter, bis einer der Einheimischen ihnen ein Geheimnis verriet. Und jetzt teile ich das Geheimnis mit Ihnen.

Man nimmt eine einzelne Erdnuss und legt sie in eine Flasche aus Klarglas. Und schon haben Sie die perfekte Klammeraffenfalle gebaut. Sie platzieren nun die Glasflasche mit der Erdnuss am Fuße eines Baumes und verlassen die Stelle.

Während Sie weg sind, wird der ahnungslose Klammeraffe von oben nach ganz unten blicken und dort die einzelne Erdnuss in der Flasche sehen. Er wird dann neugierig den Baum hinunterklettern, seine kleine Hand in die Flasche stecken und nach der Erdnuss greifen. Seine geballte Faust, die Erdnuss umfassend, ist nun zu groß, um aus der Flasche zu kommen – und ... schon haben Sie einen Klammeraffen gefangen!

Sie können eine Stunde, einen Tag oder sogar eine Woche später zurückkehren, und der kleine Klammeraffe wird dort sein, die Erdnuss in der Flasche umklammernd – obwohl er sie so gar nicht essen kann. Sie können eine ganze Tüte Erdnüsse auf den Boden neben den Klammeraffen stellen, aber er wird weiterhin nur dasitzen und an der einen einsamen Erdnuss festhalten, die ihm in seiner Situation kein bisschen hilft. Sie können Bananen auf dem Boden um ihn herum verteilen, aber er wird immer noch weiter dasitzen und die nutzlose Erdnuss festhalten.

Schließlich wird er vielleicht sogar verhungern, wenn Sie ihm nicht aus seiner selbst auferlegten Falle helfen. Es kann sogar ein anderer Klammeraffe um ihn herum spielen, aber der gefangene Klammeraffe wird an der einen Erdnuss festhalten – die seine Zukunft zerstört.

Sie können ihm die Freiheit nehmen oder Sie können ihn töten, aber unser kleiner Klammeraffe ist nicht bereit, etwas Wertloses loszulassen, obwohl er dadurch alles gewinnen würde, was ihm in dieser Welt von Wert ist.

Nachdem ich selbst gründliche Recherchearbeit in Bezug auf das Verhalten von Klammeraffen gemacht habe – vielleicht sollte ich es nicht gründlich nennen, aber ich habe zwei Bücher zu diesem Thema gelesen –, bin ich zu dem unausweichlichen Schluss gekommen, das Klammeraffen dumm sind. Aber damit ich nicht zu kritisch diesen kleinen Primaten gegenüber bin, und bevor wir ihr Verhalten gar auslachen, sollten wir uns selbst eine entscheidende Frage stellen: *In meinem eigenen Leben – woran halte ich so sehr fest, dass es mich davon abhält, alles zu erreichen, was ich jemals haben wollte?*

Wenn Sie Ihren persönlichen Erfolg erreichen wollen, dann müssen Sie die Bilder vergangener Niederlagen loslassen. Wenn Sie Friede, Glück und Freude haben möchten, dann müssen Sie Ihre Verbitterung loslassen und Vergebung erfahren. Und während Sie anderen Menschen vergeben, vergessen Sie bitte nicht, der wichtigsten Person zu vergeben: Vergeben Sie sich selbst.

Denken Sie daran: All der Müll, den Sie in sich herumtragen, definiert, wer Sie waren – *in der Vergangenheit.* Ihre persönliche Definition von Erfolg ist eine Vision, die Sie mit sich *in die Zukunft* tragen können, während Sie Ihre Mission mit der Leidenschaft verfolgen, die Sie in Ihre Bestimmung führt.

Sie sind eine einzigartige Person mit einer besonderen, maßgeschneiderten Bestimmung. Sie haben bereits alle notwendigen Werkzeuge, um von hier nach dort zu kommen, in Form von Motivation, Kommunikation und Implementation. Mein größter Wunsch ist, dass Sie sich selbst auf diese Weise sehen und danach handeln. *Wenn nicht jetzt, wann dann? Wenn nicht Sie, wer dann?*

Sobald Sie die Vision Ihrer Zukunft, die Ihre persönliche Definition von Erfolg enthält, eingefangen haben, werden Sie nie mehr derselbe sein!

Ich freue mich auf Ihren Erfolg!

NOTIZEN:

ÜBER DEN AUTOR

Jim Stovall ist einer der begehrtesten Motivations-Sprecher der Welt. Trotz nachlassender Sehkraft und folgender Blindheit war Jim Olympia-Teilnehmer als Gewichtheber und wurde ein erfolgreicher Investment-Broker und Unternehmensgründer.

Er ist Gründer und Präsident des „Narrative Television Network“ (NTN), das Filme und Fernsehsendungen für die dreizehn Millionen Blinden und Menschen mit eingeschränkter Sehkraft Amerikas und deren Familien produziert. Obwohl NTN ursprünglich nur für blinde Menschen gedacht war, sind mittlerweile mehr als 60% der Zuschauer ganz normale Menschen ohne Sehminderung, nur weil sie das Programm lieben. Das Programm von NTN ist – kostenlos, 24 Stunden am Tag – verfügbar via Internet unter www.NarrativeTV.com.

Jim Stovall moderiert die Talkshow „NTN Showcase“. Unter seinen Talkshow-Gästen waren Katharine Hepburn, Jack Lemmon, Carol Channing, Steve Allen, Eddie Alberts und viele andere. Das NTN wurde u.a. mit dem EMMY-Award und vielen anderen internationalen Preisen ausgezeichnet. Das NTN ist bei mehr als 1200 TV-Kabelstationen weltweit vertreten und erreicht derzeit mehr als 35 Millionen Haushalte in Amerika und elf weiteren Nationen.

Jim Stovall wurde 1994 – so wie Walt Disney, Orson Welles und 4 US-Präsidenten – von der U.S. Junior Chamber of Commerce als einer der zehn außergewöhnlichsten jungen Menschen Amerikas ausgewählt. Er trat auf bei Good Morning Amerika, CNN und in Magazinen wie Reader's Digest, TV Guide und Time Magazine wurde über ihn berichtet.

Jim ist Autor mehrerer Bücher, u.a. „You Don't Have To Be Blind To See", „Success Secrtes of Super Achievers", „The Way I See The World" und des Buches: „Das Ultimative Geschenk". „Das Ultimative Geschenk" wurde weltweit mehr als vier Millionen mal verkauft und in mehr als ein Dutzend Sprachen übersetzt. Außerdem wurde dieses Buch mit Schauspielern wie James Garner, Lee Meriwether, Brian Dennehy und Abigail Breslin verfilmt.

Das „Presidents Committee on Equal Opportunity" hat Jim Stovall 1997 zum Unternehmer des Jahres gewählt. Im Juni 2000 erhielt Jim Stovall den „International Humanitarian Award". Diese Auszeichnung verbindet ihn mit bemerkenswerten Persönlichkeiten wie Präsident Jimmy Carter, Nancy Reagan und Mutter Teresa.

WEITERE BÜCHER VON
JIM STOVALL

Das Ultimative Geschenk

€ 15,95
ISBN 978-3-941581-00-5

Das Ultimative Leben

€ 16,95
ISBN 978-3-941581-01-2